Vorwand?

Einwand?

# Kaufsignal!

16 Vorwände/Einwände und
155 professionelle Antworten

Perefekte Sätze mit
Wort-für-Wort-Gesprächsleitfäden

Werner F. Hahn
Verkaufstrainer + Fachbuchautor

Copyright: Werner F. Hahn
Rel. 01 - 01.06.2015

Herausgeber:

Werner F. Hahn GmbH

Willy-Brandt-Platz 6

55122 Mainz

Umschlaggestaltung:
Ingenium – Design und Kommunikationsmedien
www.ingenium-design.de

Cartoons: Markus Blatz
E-Mail: rotten.vegetable@gmx.de

ISBN: 978-3-738622 249
Herstellung und Verlag: BoD - Books on Demand, Norderstedt

Fotos: fotolia.com

Dieses Buch ist urheberrechtlich geschützt. Teile dieses Buches dürfen mit schriftlicher Genehmigung des Autors reproduziert oder unter Verwendung elektronischer Systeme gespeichert, verarbeitet, vervielfältigt oder verbreitet werden. In diesem Fall ist immer anzugeben: Copyright: Werner F. Hahn: www.wernerhahn.de

Im Folgenden ist der Einfachheit immer vom „Verkäufer" die Rede, denn die ständige Unterteilung in „die Verkäuferin/der Verkäufer" oder „der/die VerkäuferIn" stört den Lesefluss erheblich. Seid mir bitte nicht gram, liebe Leserinnen, ich kann gar nicht frauenfeindlich sein, denn ich halte die Frauen sowieso für die besseren Verkäufer.

Wissenschaftliche Untersuchungen sind zu dem Ergebnis gekommen, dass die „Du"-Ansprache der direktere Weg zum Unterbewusstsein ist. Du bist ja sicher daran interessiert, einen größtmöglichen Nutzen aus diesem Buch zu ziehen. Deswegen habe ich die „Du"-Ansprache gewählt. Solltest du weiterhin das „Sie" bevorzugen, dann stell dir bei jedem „Du" einfach vor, dass du mit „Sie" angesprochen wirst.

## Inhaltsverzeichnis

| | |
|---|---|
| 1. Vorwand? Einwand? Kaufsignal! | 6 |
| 2. Die Formel für die korrekte Einwandbehandlung | 11 |
| 3. Einwände auflösen: 4-Schritt-Methode | 12 |
| 4. Wie du in 5 Sekunden den Einwand von einem Vorwand unterscheidest | 15 |
| 5. Palastwache: „Um was geht es denn?" | 19 |
| 6. Sekretärin: „Haben Sie einen Termin?" | 21 |
| 7. „Keine Zeit" | 22 |
| 8. „Schicken Sie Unterlagen" | 24 |
| 9. „Schicken Sie uns Unterlagen per Mail, wir melden uns" | 27 |
| 10. „Sie wollen mir sicher etwas verkaufen" | 30 |
| 11. „Wir arbeiten mit dem Unternehmen xyz zusammen" | 31 |
| 12. „Wir haben keinen Bedarf" | 36 |
| 13. „Wir haben das Angebot noch nicht gelesen" | 41 |
| 14. „Wir haben kein Interesse" | 43 |
| 15. „Muss ich noch mit meinem BOSS besprechen" | 46 |
| 16. „Ihre Preise sind zu hoch – was können Sie noch machen?" | 48 |
| 17. Fünf Gründe, warum Preisdrücker dein Geschäft vernichten | 51 |
| 18. „Zu teuer" | 53 |
| 19. Drei Kardinalfehler in der Preisnennung | 69 |
| 20. Fünf Verkäufer-Techniken | 73 |
| 21. „Wir haben bessere Angebote von der Konkurrenz vorliegen" | 76 |
| 22. „Rufen Sie in 6/9/12 Monaten wieder an" | 81 |
| 23. „Ich will es mir überlegen." | 83 |
| 24. Nebelkerzen in der Einwandbehandlung | 91 |
| 25. Frag deine Kunden, warum sie bei dir kaufen | 94 |
| 26. Die wichtigsten Kaufsignale im Verkaufsgespräch | 96 |
| 27. Deine fünf großen Feinde im Verkauf | 98 |
| 28. Werner F. Hahn | 103 |
| 29. Literaturverzeichnis | 105 |

30. Haftungsausschluss 106
31. Danke 107
32. Partner 108
33. 1-Tages-Intensiv-Training: Mehr Termine. Mehr Aufträge. 113
34. 1-Tages-Intensiv-Training: Wie Rabatte dein Geschäft ruinieren 115
35. sales vitamins – frische Vitamine für besseres Verkaufen 117
36. Podcast 118

## 1. Vorwand? Einwand? Kaufsignal!

Meinung, Vorwand, Einwand? Wo liegen konkret die Unterschiede? Tatsache ist, dass in den meisten Fällen der erstgenannte Grund nicht der wahre Grund ist. Deswegen gilt es zu hinterfragen. Nur: die Herkunft einer Meinung ist genau so unbekannt wie die Ursache für einen Vorwand.

Vorwände sind nur vorgeschoben, oftmals hast du bei Vorwänden nichts Greifbares, mit dem du argumentieren kannst. Klassische Vorwände sind: *„Kein Bedarf"*, *„Kein Interesse"*. Oder auch *„Keine Zeit"* können Vorwände sein, denn grundsätzlich hat doch jeder von uns 24 Stunden am Tag (oder 86.400 Sekunden/Tag) Zeit.

Der Unterschied liegt lediglich in der Prioritätenfolge. Wie oft bist du schon in ein Gespräch gegangen und dein Interessent sagte dir: *„Ich habe wenig Zeit"* und nach einer Stunde war das Gespräch beendet. In diesem Fall hat sich die Priorität deines Gesprächspartners verändert. Plötzlich waren deine Themen für ihn so interessant, dass er mit dir darüber sprechen wollte.

Bei Vorwänden fehlt die Begründung. Der Klassiker: *„Keine Zeit"* ist für mich ein Vorwand, allerdings: *„Keine Zeit, weil ich jetzt in ein Meeting muss"* oder *„Keine Zeit, weil ich dringend zum Zahnarzt muss"* gehören schon wieder zum Einwand.

Einwände sind auch konkret, d.h. zum Beispiel: *„Ich habe schlechte Erfahrungen mit Ihrem Unternehmen gemacht"* oder *„Sie sind viel zu teuer"* oder *„Das passt nicht zu unserem System"* oder *„Da habe ich ein viel günstigeres Angebot von Ihrer Konkurrenz"*. Hier kannst du gezielt argumentieren.

Der Einwand, der auf einer Meinung beruht, kann durch behutsame Überzeugungsarbeit zerstreut werden. Das ist jedoch nur möglich, wenn er direkten Einfluss auf das Ergebnis hat. Bei einem Vorwand wird das nie gelingen, da er ausschließlich dazu dient, den wahren Grund zu verbergen.

Je schlampiger du in der Bedarfsanalyse gearbeitet hast, umso mehr Hinweise kommen von deinem Gesprächspartner. Deswegen: konzentrier dich auf die Bedarfsanalyse, stell viele offene Fragen und du wirst viele Informationen erhalten.

Schlag deinen Interessenten mit seinen eigenen Argumenten! Wie das funktioniert? Wenn du weißt, dass dein Produkt teurer ist als andere auf dem Markt und wenn du damit rechnest, dass dein Interessent Einwände bezüglich deines Preises hat, dann musst du ihn mit seinen eigenen Waffen schlagen. Das machst du, indem du die Situation unter Kontrolle behältst und diesen Aspekt ins Gespräch bringst, wenn du es für richtig hältst. Das kann für dich nur zum Vorteil sein. Wenn dein Produkt mehr kostet als ein ähnliches von deiner Konkurrenz – weil es von höherer Qualität ist, eine längere Lebensdauer oder eine bessere Funktionalität besitzt – dann solltest du über diese Punkte sprechen, bevor dein Interessent anfängt, dir Steine in den Weg zu legen.

Einer meiner Trainingsteilnehmer hat diese Taktik perfekt angewendet. Diese Technik bezeichne ich auch als Einwand-Vorwegnahme. Er hatte PCs einer exklusiven hochpreisigen Marke verkauft und weil diese Produkte so gefragt waren, gab es längere Lieferzeiten. Hier kommt ein Auszug aus seinem Verkaufsgespräch:

*„Herr Schneider, ich bin sicher, dass Sie gleich meinen PC kaufen werden, direkt nach der Präsentation. Denn alle meine bisherigen*

Interessenten wurden Kunden, nachdem ich das System präsentiert hatte. Ich bin froh über diese starke Nachfrage.

Wenn Sie von meiner Konkurrenz ein System jetzt kaufen, werden Sie möglicherweise sofort beliefert. Vielleicht ist das sogar der Grund dafür, dass bei meiner Konkurrenz keine so große Nachfrage besteht. Wenn Sie sich jedoch für mein System entscheiden, dann muss ich Sie bitten, etwas Geduld zu haben, weil wir mit den Bestellungen gar nicht mehr nachkommen. Offensichtlich will jeder ein solches System haben. Das spricht doch für das System Herr Schneider, sehen Sie das auch so?"

Gerätst du mit Lieferungen in Verzug, so kann das ein großer Nachteil sein – aber nur, wenn du es zulässt. Dies aber gleich zuzugeben und es damit zu erklären, wie gefragt dieses System ist, lässt eine Verzögerung in der Lieferzeit gleich in einem anderen Licht erscheinen, nämlich dem, das dein künftiger Kunde akzeptiert.
Jetzt noch einmal zur Wiederholung die einfachen Schritte, um zögernden Interessenten in Zukunft beizukommen:

1. Bring die Aspekte die Vorwände, Einwände und Bedenken herausfordern aufs Tablett, bevor es dein Gesprächspartner macht.

2. Stell diese Aspekte so hin, dass du stolz drauf bist.

3. Räum die Bedenken aus und verwandele diese in werthaltigen Nutzen um.

Hier kommt eine Auflistung der gängigen Vorwände und Einwände. Egal, ob du PKWs verkaufst, Elektronik oder andere Komponenten an Geschäftskunden, die Einwände sind immer die gleichen. Lediglich die Gewichtung verschiebt sich. Hinzu kommt, dass du ca. 20 Prozent der

Einwände immer wieder hörst, die anderen 80 Prozent treten hin und wieder auf.

In meiner Argumentation mache ich es mir immer einfach: alle Beiträge des Kunden sind für mich Kaufsignale. Klären wir diesen einen Punkt, dann ist der Abschluss so gut wie in der Tasche.

Viele Einwände entstehen doch nur, weil der Interessent sich nicht professionell auf das Gespräch mit dir vorbereitet hat. Bevor du dich mit einem Interessenten triffst, solltest du doch sicher gehen, dass diese Person genau in dein Raster fällt – dieser Interessent ist der ideale künftige Kunde.

Dein idealer Kunde ist doch jemand, der dich sympathisch findet, der bei dir kauft, der viel bei dir kauft und immer wieder bei dir kauft.

Viele Verkäufer beschäftigen sich mit Interessenten, die überhaupt nicht in das Kundenprofil passen und verschwenden viel Zeit, Geld und Energie. Gerade diese Gesprächspartner produzieren dann die Einwände.

Letzte Woche bekam ich noch eine Mail von einer Verkäuferin, die gerade ein unangenehmes Gespräch mit einem Interessenten hatte. Sie erklärte, dass der Gesprächspartner sehr ruppig am Telefon war und ihre Mail endete mit dem Satz: *„Dabei war er noch nicht mal ein qualifizierter Interessent. Ich glaube nicht, dass er bei mir jemals etwas gekauft hätte."*

Ich schrieb eine Mail zurück mit der Frage: *„Was sind denn die Gründe gewesen, mit ihm überhaupt Kontakt aufzunehmen?"*

Die zweite Möglichkeit besteht darin, dass du die Einwände schon vorher aus dem Weg räumst, bevor der Gesprächspartner sie bringt.

Da gibt es doch sicher einige Einwände, die du immer wieder von deinen Gesprächspartner hörst und das Thema solltest du bereits früh ansprechen. Damit reduzierst du die Anzahl der Einwände ganz dramatisch.

Einer der häufigsten Einwände ist doch: *„Das ist zu teuer!"* oder *„Ich kenne ihr Unternehmen und weiß, dass die Preise bei euch sehr hoch sind."* Hörst du diese Aussage des Öfteren, dann wird es Zeit, diesen Punkt bereits früh im Gespräch zu bringen.

Ist dein Produkt teurer als das Produkt der Konkurrenz? Da gibt es doch sicher einige Punkte, die die zusätzlichen Kosten rechtfertigen. Was sind die Gründe? Ist es das bessere Material, das verarbeitet wird? Ist es die höhere Qualität? Ist es der besondere Prozess in der Fertigung mit geringeren Toleranzen? Wird ein besonderer Service angeboten als der einfache Service der Konkurrenz? Oder ist es der persönliche Ansprechpartner?

Finde heraus, warum deine Produkte und Dienstleistungen im höheren Preissegment angesiedelt sind. Bringe diese Punkte als zusätzlichen Nutzen und Werte, nicht als Kosten. Vermeide auch die Worte *„Kosten"* und *„Preise"* – sprich immer von einer *Investition*. Bei einer Investition zahlt er etwas und er bekommt etwas zurück:

- Bessere Qualität
- Höhere Stückzahlen
- Niedrigere Produktionskosten
- Geringere Ausschussquote
- etc.

## 2. Die Formel für die korrekte Einwandbehandlung

Egal wie gut die argumentierst und artikulierst, egal wie sorgfältig du das Script geschrieben hast, egal ob du auch an alle Einwände gedacht hast, irgendwann wird wieder ein neuer Einwand auftauchen.

Das bedeutet nicht, dass dein Interessent sich nicht mit dir treffen will. Das bedeutet nur, dass der Status Quo für sie im Moment sehr wertvoll ist. Heutzutage sind die Menschen ja beruflich mehr eingespannt, als das in der Vergangenheit gewesen ist und ein Einwand ist mehr ein Reflex für die Aussage, dass sie viel zu tun haben. Später werde ich dir noch sagen, das ein „*Ich habe zurzeit viel zu tun*" kein „*Nein*" ist. Es ist ein Vorwand.

Hörst du einen Einwand, dann muss dein Ziel sein, das Gespräch am Laufen zu halten und den Termin zu vereinbaren.

**Die Formel:** *„Reagiere auf einen Vor- oder Einwand immer angemessen, situativ und reflexhaft wie ein Stoßdämpfer."*

Beispiele: „Ah, danke dass Sie so offen mit mir darüber sprechen..."

„Oh, das erstaunt mich aber, Herr/Frau ......"

Wenn du das beherrschst, dann wirst du zusätzlich mit deinem Lächeln – auch in deiner Stimme - den Interessenten für dich gewinnen, viele Aufträge erzielen und dein Bankkonto wird steigen. Was willst du mehr?

## 3. Einwände auflösen: 4-Schritt-Methode

Immer wenn du gerade in der Abschlussphase bist, dann bringen die Interessenten noch Einwände. Der beste Weg, um mit Einwänden umzugehen ist die Einwand-Vorwegnahme. Sicher hörst du einige Einwände immer wieder – egal ob am Telefon oder im persönlichen Gespräch. Das sollte dich dazu animieren, diese Einwände schriftlich in deinem Telefonleitfaden festzuhalten und sie schon früh im Gespräch bringen. Wenn du so vorgehst, wirst du immer weniger Einwände hören.

Sei auch in diesem Fall gut vorbereitet und folge meiner „4 Schritt-Methode".

**1. Schritt: Sei dir sicher, dass du exakt verstanden hast, was dein Gesprächspartner meint.**

Beispiel Einwand: *„Das ist aber teuer."*

Könnte heißen:

- *„Ich habe hier nichts zu entscheiden."*
- *„Ich habe heute kein Budget dafür."*
- *„Ich sehe keinen Nutzen für mich."*
- *„Ich kann dich nicht leiden."*

Um genau zu verstehen, was dein Interessent meint, solltest du hinterfragen: *„Was meinen Sie damit?"*

Oder

*„Was bedeutet das?"*

Du kannst auch den Einwand leise und ein wenig verstört in Frageform (immer mit anderen Worten) wiederholen, so dass dein Gesprächspartner dir mehr Hintergrundinformationen gibt. Sei aber zurückhaltend, damit dein Gesprächspartner nicht verärgert ist oder dein Gesprächspartner das Gefühl hat, er wird kritisiert.

**2. Schritt: Isoliere den Einwand.**

Verkäufer: *„Gibt es außer Ihrem Hinweis noch etwas, was Sie zögern lässt, von meinem Angebot zu profitieren?"*

**3. Schritt: Stell sicher, dass dies der einzige Einwand ist und keine weiteren mehr folgen.**

Verkäufer: *„Abgesehen von Ihren Hinweisen (nicht: von Ihren Einwänden) – welche Gründe, sprechen dafür?*

Danach die nächste Frage stellen:

Verkäufer: *„Welche weiteren Punkte gibt es noch?"*

Stell sicher, dass du jetzt alle Einwände vom Interessenten gehört hast und dann

**4. Schritt: Beseitige den Einwand.**

Wenn das der wahre Einwand ist und du nun alle Lösungsvarianten kennst, dann geh in die Vollen. Das Ziel der Einwandbehandlung ist es nicht, den Gesprächspartner vom Gegenteil seiner Meinung zu überzeugen. Wenn du mit Gegenargumenten argumentierst, dann ist das kontraproduktiv. Das hängt mit der alten physikalischen Weisheit zusammen: Druck erzeugt immer Gegendruck. Gehst du gegen die

Energie des anderen an, dann hast du schon verloren. An dieser Stelle im Vertrieb sind weder Argumente noch Behauptungen gefragt, sondern interessante, öffnende Fragen.

## 4. Wie du in 5 Sekunden den Einwand von einem Vorwand unterscheidest

Um Vorwände und Einwände professionell zu unterscheiden, habe ich bei der NIXDORF COMPUTER AG das Verfahren „*Vorwand oder Einwand*" erlernt. Für mich ist es eines der stärksten Argumente in der Einwandbehandlung.

Wir lösen damit keine Probleme des Interessenten, sondern es geht hier nur um die Unterscheidung zwischen echten Einwänden und Vorwänden.
„*Vorwand oder Einwand*" funktioniert in drei Schritten:

1. Nimm den Vorwand/Einwand an und zeig Verständnis.
2. Wiederhole die Interessentenaussage mit deinen Worten ohne die negativen Begriffe (z.B. Kosten, Preis, Einwand etc.).
3. Stell eine nutzenorientierte Frage zu einem neuen Thema (nicht zum Einwand sondern zum besprochenen Projekt).

Wenn der Interessent jetzt wieder auf den Einwand zu sprechen kommt, dann handelt es sich um einen echten Einwand. Wird der vorher genannte Einwand nicht mehr angesprochen, dann war es nur ein Vorwand.

Ein Beispiel mit Verkäufer Jochen Huse:

Interessent: „*Da will ich noch mit meinem Steuerberater darüber sprechen, denn es geht ja um eine Investition von ca. 8.000 Euro.*"

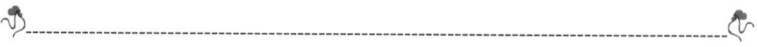

### „Vorwand oder Einwand" Phase 1:

Jochen Huse: *„Ich verstehe, Herr Kunde ..."*

**Phase 2:**

Jochen Huse: *„Sie möchten die Sache noch mit Ihrem Steuerberater besprechen."*

**Achtung:** Jochen Huse wartet, bis der Interessent jetzt nickt (der Interessent sagt mit seiner Körpersprache *„ja"* zu seinem Vorwand/Einwand).

**Phase 3:**

Jochen Huse: *„Sagen Sie, was halten Sie denn von der kostenlosen Hotline mit dem technischen Service?"*

Bei einem echten Einwand würde der Interessent jetzt wie folgt antworten:

*„Ja, ja, das mit der Hotline finde ich sehr gut, aber ich muss vorab noch mit meinem Steuerberater sprechen."*

Jetzt macht es ja Sinn, das Gespräch mit dem Steuerberater sofort anzubieten, da es sich um einen echten Einwand handelt.

Wenn es nur ein Vorwand war, klingt die Antwort des Interessenten in etwa so:

*„Ja, das mit der kostenlosen Hotline gefällt mir gut. Wie viele Gespräche sind denn pro Monat darin enthalten?"*

Nachdem der Interessent jetzt nicht mehr mit seinem ursprünglichen Vorwand oder Einwand kommt, wissen wir mit hoher Wahrscheinlichkeit, dass es sich doch nur um einen Vorwand gehandelt hat.

Je schlampiger du in der Bedarfsanalyse gearbeitet hast, umso weniger Hinweise kommen von deinem Gesprächspartner. Deswegen: konzentrier dich auf die Bedarfsanalyse, stell viele offene Fragen und du wirst viele Informationen erhalten und ersparst dir die Einwandbehandlung.

Oder du wendest die „schwebende Frage" an:

Der kluge Verkäufer versucht durch eine geschickte Fragestellung herauszufinden, was der eigentliche Einwand ist. Am einfachsten geht das mit einer schwebenden Frage:

*„Angenommen Herr Interessent, Sie hätten genügend Geld, dann ...."*

Der Verkäufer lässt die Frage genauso schwebend und unvollständig in der Luft hängen. Der Kunde wird den schwebenden Ball zurückspielen wollen und beispielsweise sagen: *„Auch dann würde ich nicht kaufen."*

Darauf der Verkäufer: *„Dann muss es für Sie einen weiteren Grund geben. Und der ist ..........?"*

Pause.

Der Kunde lässt jetzt die Katze aus dem Sack: *„Na ja, der wäre, dass Ihr Produkt bei der Haltbarkeit nicht den besten Ruf hat."*

Da hast du es! Aus dem Vorwand hat der Verkäufer den Einwand herausgeschält, ohne den Kunden zu blamieren.

## 5. Palastwache: „Um was geht es?"

„Es geht um ihre Transportprozesse, bitte verbinden Sie mich mit Frau ........., Danke."

******

„Ja, das sage ich Ihnen gerne Frau ........., es geht um seine Praxis-Digitalisierung, bitte verbinden Sie mich mit Vorname Nachname, Danke."

******

„Ja, das sage ich Ihnen gerne, Frau ....., es geht um das Vertriebs-Management 2016, bitte verbinden Sie mich mit ihm, Danke."

Was ist das besondere an diesem Satz? Das Wort „Management" – denn für das Management sind weder eine Sekretärin noch der Assistent zuständig und beide dürfen keine Entscheidungen in dieser Angelegenheit treffen.

Welche Produkte und Dienstleistungen verkaufst du? Hier gebe ich dir einige Beispiele:
- Personal-Management
- Produkt-Management
- Software-Management
- Weiterbildungs-Management
- Versicherungs-Management
- Facility-Management
- Netzwerk-Management

So, jetzt geht unser Mustergespräch weiter:

Sekretärin: „*Das brauchen wir nicht, schicken Sie uns vorab einige Unterlagen und wir prüfen, ob das für uns wichtig ist.*"

Jetzt ist dein schauspielerisches Talent gefragt, stell dich dumm und ahnungslos (ich weiß, es wird dir sehr schwer fallen).

Verkäufer: „*Ach, Frau Schneider, das ist interessant. Sie entscheiden in Ihrem Unternehmen über diese Dinge? Sind Sie die Entscheidungsträgerin in solchen Fragen?*"

Nun muss die Sekretärin verneinen, denn alles andere ist eine Anmaßung.

Im Regelfall wird sie jetzt kleinlaut beigeben und sagen: „*Das macht doch bei uns Herr Weber.*"

Verkäufer: „*Dann verbinden Sie mich doch bitte mit Herrn Weber, Danke.*"

******

Sekretärin: „*Das brauchen wir nicht, schicken Sie uns vorab einige Unterlagen und wir prüfen, ob das für uns wichtig ist.*"

Verkäufer: „*Darf ich das so zitieren?*"

Sekretärin: „*Was heißt hier zitieren?*"

Verkäufer: "*Wenn ich Sie richtig verstehe, sprechen Sie im Namen von Herrn Boss und damit im Namen der ABC-GmbH. Und ich finde es zitierwürdig, wenn die ABC-GmbH der Meinung ist, dass (Ihr Nutzenversprechen in Euro) nicht interessant ist.*"

## 6. Sekretärin: „Haben Sie einen Termin?"

Auf diesen Einwand triffst du, wenn du kalt akquirierst. Du stehst vor der Sekretärin/Assistentin, bringst deinen Gesprächseinstieg und hörst: „Haben Sie einen Termin?"

Sagst du „Ja", schmeißen Sie dich raus, weil du keinen Termin hast. Sagst du „Nein", dann sagen sie zu dir: „Dann rufen Sie gefälligst an und machen einen Termin aus." (Bitte nicht argumentieren, dass du schon viermal angerufen hast und immer auf Ablehnung gestoßen bist).

Hier kommt die Lösung:

Sekretärin: „Haben Sie einen Termin?"

Verkäufer: „Genau deswegen bin ich hier."

Und dann schaust du sie mit hochgezogenen Augenbrauen erwartungsvoll an.

Hier kommt noch die Alternative, wenn du direkt mit dem Entscheider sprichst:

„Sie sind mir so wichtig, dass ich persönlich zu Ihnen gekommen bin, damit Sie sofort mit dem (Nutzen/Mehr-WERT aufzeigen, z.B. profitieren, sparen, gewinnen, erleben ...) beginnen. In dem Zusammenhang habe ich folgende Frage an Sie ......?"

## 7. „Keine Zeit"

Diesen Vorwand/Einwand wirst du in Zukunft nie mehr hören – vorausgesetzt du setzt diese neue Formulierung ein.

Sobald du deinen qualifizierten Gesprächspartner am Telefon hast, starte dein Gespräch wie folgt:

„Schönen guten Tag, Herr/Frau .........., ich bin Vorname Nachname von der ABC-GmbH hier in Bonn."

Sprechpause, damit dein Gesprächspartner dich auch begrüßen kann.

„Herr/Frau ........., darf ich direkt auf den Punkt kommen?"
oder
„Herr/Frau ........., ist es okay für Sie, wenn ich direkt auf den Punkt komme?"

Mit dieser Frage schaffst du es, dass in 99% aller Fälle dir der Gesprächspartner sagt: *„Ja gerne!", „Ja, legen Sie los"* oder *„Das hört sich gut an, starten Sie durch!"*

Mit dieser Aussage holst du dir von deinem Gesprächspartner ein emotionales „JA" ab und das ist ungemein wichtig für deine mentale Einstellung in der Akquisition: Das tut gut! Vermeide in dieser Phase zögerliches, unsicheres Sprechen

*Übrigens:*

*Du verlierst keine Aufträge an andere Unternehmen.*

*Du verlierst Aufträge an bessere Verkäufer!*

## 8. „Schicken Sie Unterlagen."

„Ja, das mache ich gerne, Herr/Frau ......, ich habe eine PDF-Datei mit 128 Seiten und eine Power-Point-Datei mit 78 Seiten – welche soll ich Ihnen schicken?"

\*\*\*\*\*\*

„Sehr gerne Herr/Frau ....., was soll ich konkret in die Unterlagen reinschreiben, damit es für Ihre Entscheidung hilfreich ist?"

\*\*\*\*\*\*

„Ich habe einige wichtige Informationen, die ich gerne per Post/E-Mail zusenden kann. Allerdings bin ich morgen Nachmittag sowieso in Frankfurt, da ich gegen 13 Uhr einen Termin in Niederrad habe. Mein Vorschlag: wir treffen uns um 15 Uhr – ich brauche nur 10 Minuten und habe alle Unterlagen sowieso dabei – wie sieht es da bei Ihnen um 15 Uhr aus?"

\*\*\*\*\*\*

„Ich werde die Unterlagen heute an Sie versenden. Lassen Sie uns direkt einen Termin vereinbaren, an dem wir die Unterlagen besprechen. Mein Terminvorschlag ist Wochentag – Datum – Uhrzeit oder geht es bei Ihnen schon in der kommenden Woche?"

\*\*\*\*\*\*

„Für Sie steht ein äußerst überzeugendes Informationspaket bereit. Es wiegt rund 100 kg, ist 1,88 m lang und heißt Werner. Wann soll ich bei Ihnen eintreffen?"

\*\*\*\*\*\*

„Ja, das mache ich gerne. Wenn Sie diese Unterlagen bis kommenden Donnerstag vorliegen haben, bis wann treffen Sie eine Entscheidung?"

\*\*\*\*\*\*

„Die Unterlagen sind sehr umfangreich, Herr/Frau Interessent und das Studium der Unterlagen wird einige Zeit in Anspruch nehmen. Es ist einfacher und schneller für uns beide, wenn wir direkt einen Termin vereinbaren - es dauert nur eine halbe Stunde und danach wissen Sie sofort, welche Vorteile und welchen Nutzen Ihnen eine Zusammenarbeit mit uns bringt. Mein Terminangebot ist Wochentag – Datum – Uhrzeit – wie sieht es da bei Ihnen aus?"

\*\*\*\*\*\*

Ja, das mache ich gerne, Herr/Frau ... Wir haben jetzt interaktive Unterlagen, denen Sie Fragen stellen können  - kennen sie die schon?"

Bei Nein: „Die sind 180 groß und wiegen 91 KG  und fahren mit unserem Firmenwagen vor ....." (Lächeln!!!!!)

\*\*\*\*\*\*

„Ja, mache ich doch gerne, Herr/Frau............ Ein kurze Frage in dem Zusammenhang und bitte um eine ehrliche Antwort: Haben Sie vor, in den nächsten 60 Tagen bezgl. Ihrer Produkte (oder Dienstleistungen) den derzeitigen Lieferanten zu wechseln?

\*\*\*\*\*\*

Anlässlich eines Telefon-Coachings hatte auch ein Geschäftsführer den Einwand: *„Schicken Sie mir zuerst ausführliche Unterlagen!"* gebracht und - pfiffig wie der junge Verkäufer war - spontan geantwortet:

*„Haben Sie einen Gleisanschluss?"*

Im ersten Moment war der Geschäftsführer völlig perplex und sagte anschließend:

*„Wow, das gefällt mir, den Termin vereinbare ich jetzt gerne mit Ihnen - ich will Sie unbedingt kennen lernen."*

## Albert Einstein:

## *Erfolg besteht zu 5 % aus Inspiration und zu 95 % aus Transpiration.*

9. „Schicken Sie uns Unterlagen per Mail, wir prüfen das und wenn es interessant ist für uns, melden wir uns wieder."

Das sollten wir so natürlich nicht stehen lassen. Hier kommt mein Vorschlag für eine professionelle Mail (Versand noch am gleichen Tag) an den qualifizierten Entscheider über die Palastwache:

---

Betreff: Mehr Termine. Mehr Aufträge – unser Telefonat

Sehr geehrte Frau Schneider,
wie versprochen kommt hier auch schon die von Ihnen gewünschte Mail an Peter Müller.

Sehr geehrter Herr Müller,

im Zusammenhang mit der Steigerung Ihres Vertriebsergebnisses habe ich den Wunsch, Sie persönlich zu treffen – aber nur, wenn es für uns beide auch wirklich Sinn macht.

Viele meiner Kunden nennen mir folgende Ergebnisse unserer bisherigen Zusammenarbeit:
- Steigerung der Terminquote um 30%
- Steigerung des Umsatzes um 14% bei gleichbleibenden Personalkosten

Damit Sie vorab prüfen können, inwieweit diese oder noch bessere Ergebnisse für Ihr Unternehmen erreichbar sind, schlage ich ein telefonisches Sondierungsgespräch von fünf Minuten vor.

Bitte lassen Sie mich über Frau Schneider wissen, wann Ihnen dies in den kommenden zwei Wochen gut passt.
Viele Grüße

Werner F. Hahn
Akquisitions- + Verkaufstrainer + Fachbuchautor
(Meine Signatur mit allen Kontaktdaten incl. Foto meiner Bücher)

Wenn es nicht um die Vereinbarung von Terminen geht, sondern um den Verkauf am Telefon, dann ersetz den Text „...Sie persönlich treffen..." durch „...Ihnen ein Angebot zu unterbreiten..."

Nach max. drei Tagen startest du das Nachfass-Telefonat:

„Schönen guten Tag, Frau Schneider, ich bin Werner Hahn von der Hahn-GmbH in Mainz."

Frau Schneider: „Grüß Sie, was kann ich für Sie tun?"

„Frau Schneider, wir sprachen am 6. April über das Thema (Vertriebs-Management 2016) und Sie erhielten eine kurze Mail für Peter Müller. Sicherlich hat er diesbezüglich noch einige Fragen. Und damit er entscheiden kann, wie sinnvoll ein persönliches Treffen ist, seien Sie so nett und verbinden mich mit ihm – Danke."

Frau Schneider: „Ja, ich stelle durch."

Peter Müller: „Tag Herr Hahn, was kann ich für Sie tun?"

Verkäufer: „Schönen guten Tag, Herr Müller, ich bin Werner Hahn, Verkaufstrainer und Fachbuchautor aus Mainz. Darf ich gleich auf den Punkt kommen?"

Peter Müller: „Klar, gerne."

Verkäufer: „Ich hatte Ihnen am 6. April eine Mail geschickt über das Thema Mehr Termine. Mehr Aufträge für Ihre Verkäufer. Wie interessant ist das Thema für Sie?"

Warte die Antworten ab und stell jetzt weitere qualifizierende Powerfragen aus deiner Bedarfsanalyse.

Verkaufen ist Arbeit,
erfolgreich verkaufen ist harte Arbeit.

Der überwiegende Teil der Verkäufer ist nicht bereit, diesen Weg zu gehen.

Erst wenn du diesen Weg gegangen bist, wirst du auf einfache und entspannte Art mehr verkaufen.

10. *„Sie wollen mit sicher etwas verkaufen."*

*„Auch das gehört zu meinen Aufgaben, Herr/Frau ..... Ich gehe davon aus, dass Sie erst dann kaufen werden, wenn ich Sie von den Vorteilen und dem werthaltigen Nutzen überzeugt habe. Sehe ich das richtig?"*

******

*„Falls wir Ihnen nur dann etwas verkaufen, wenn es Ihnen Vorteile und werthaltigen Nutzen bringen, vereinbaren Sie dann einen Termin mit mir, damit Sie dieses unverbindlich prüfen können?"*

## 11. „Wir arbeiten mit dem Unternehmen xyz zusammen." oder „Wir haben bereits einen Lieferanten."

„Herr/Frau Kunde, das spricht für Sie, dass Sie loyal zum jetzigen Lieferanten stehen und einen Partner für
................... und
................... haben.
Dann macht es ja zusätzlich Sinn, sich zusammen zu setzen – Sie wissen ja der Markt ist in Bewegung und der alte Getty sagte schon: Nur der Vergleich macht reich.
Mein Terminangebot für ein kurzes persönliches Gespräch ist Wochentag – Datum – Uhrzeit – wie sieht es da bei Ihnen aus?"

******

„Herr/Frau Kunde, das spricht für Sie, dass Sie loyal zum jetzigen Lieferanten stehen und einen Partner für
................... und
................... haben.
Dann macht es ja zusätzlich Sinn, sich zusammen zu setzen – Sie wissen ja der Markt ist in Bewegung und der alte ...(Getty)... sagte schon: Nur der Vergleich macht reich.
Was spricht denn dagegen, dass Sie einfach mal vergleichen?"

******

„Ah, versteh Sie. Dann profitieren Sie von einem Gespräch sogar zweifach: Weil sich in letzter Zeit ja viel am Markt getan hat, erkennen Sie entweder, dass Sie bereits die beste Lösung haben – oder Sie finden heraus, dass es mittlerweile die ein oder andere Lösung gibt, die Ihnen noch mehr bringt. Wollen wir uns vor diesem

Hintergrund in der nächsten Woche zusammensetzen, was meinen Sie?"

\*\*\*\*\*\*

„Ja, das weiß ich. Alle meine heutigen Kunden hatten vorher einen anderen Lieferanten.
Meine direkte Frage an Sie: Worauf legen Sie besonderen Wert bei einem Lieferanten für .....?"
Welche weiteren Wünsche haben Sie zukünftig an Ihren zukünftigen Lieferanten?"

\*\*\*\*\*\*

„Ja, das weiß ich. Alle meine heutigen Kunden waren früher bei anderen Unternehmen und gerade gestern bestätigte mir ein Kunde, dass er nach meinem Angebot die richtige Entscheidung getroffen hat. Mittlerweile ist er seit drei Jahren ein zufriedener Kunde von mir. Sie können ihn auch gerne anrufen – die Nummer gebe ich Ihnen bei unserem Termin – wie sieht es da am Wochentag – Datum – Uhrzeit bei Ihnen aus?"

\*\*\*\*\*\*

„Danke, dass Sie so offen mit mir sprechen, Herr/Frau xyz. Eine Frage will ich Ihnen noch stellen:
Wenn es erforderlich ist, dass Sie einen anderen Lieferanten benötigen, stellen Sie dann sicher, dass ich der Erste bin, den Sie anrufen?"

Im Regelfall sagen alle „Ja!"

„Großartig, dann werde ich Ihnen jetzt meine Kontaktdaten per Mail senden. Legen Sie diese bitte so auf Ihren Schreibtisch, dass Sie direkten Zugriff haben, sobald der Bedarf besteht und Sie meine Unterstützung (mit den Produkten oder Dienstleistungen) benötigen."

Lass dir jetzt alle Kontaktinformationen von deinem Gesprächspartner geben.

„Prima, Herr/Frau xyz, Danke für die Informationen. Jetzt bin ich doch noch etwas neugierig geworden: Was muss denn passieren, damit Sie einen weiteren Lieferanten in Erwägung ziehen?"

Nach der Antwort fahr fort mit qualifizierenden Fragen aus der Bedarfsanalyse.

\*\*\*\*\*\*

„Angenommen, ich könnte Ihnen etwas bieten, was Ihnen Vorteile und Nutzen bringen, die Ihr jetziger Lieferant nicht bietet. Stehen Sie einer Zusammenarbeit positiv gegenüber?"

\*\*\*\*\*\*

"Gibt es außer dem Aspekt, dass Sie noch einen anderen Lieferanten haben, etwas, was Sie daran hindert, mit uns zu arbeiten?"

\*\*\*\*\*\*

„Das weiß ich, dass Sie bereits einen Lieferanten haben. Mein Ziel ist es heute, mit Ihnen einen Erstauftrag abzuschließen. So haben Sie die Möglichkeit, sich von dem zu überzeugen, was ich Ihnen gesagt habe. Ich verlange ja nicht, dass Sie sofort umstellen sollen; geben

Sie uns nur eine Chance, mit Ihnen ins Geschäft zu kommen. Ich bin überzeugt, dass alles zu Ihrer vollen Zufriedenheit laufen wird und wir uns bald zusammensetzen, um über Folgeaufträge zu sprechen. Den Erstauftrag nehme ich heute gerne mit und Sie lernen uns schon mit der Erstlieferung kennen."

\*\*\*\*\*\*

„Davon gehe ich aus, Herr/Frau xyz, Sie werden sicher nur dann den Lieferanten wechseln, wenn Sie ein besseres Geschäft mit einem besseren Service machen. Und das prüfen Sie doch sicher, oder? Wenn ich Sie dabei unterstützen kann, kommen wir dann ins Geschäft?"

\*\*\*\*\*\*

Kunde: „Danke, da sind wir gut versorgt im Bereich ............!"

„Ah, ich verstehe. Dann habe ich noch eine letzte Frage, ist das okay?"

Kunde: „Ja, ist okay."

„Herr Kunde, seien Sie ganz offen: in Wahrheit ist Ihnen mein Anruf lästig?"

Die meisten Kunden werden sich jetzt öffnen. Ansonsten: raus aus der Nummer und zum nächsten Interessenten.

Nicht das Wetter,
die Sonne oder der Regen,
dein Vorgesetzter,
deine Frau oder Freundin/Freund,
die Politik,
die Religion,
das Geld, der Firmenwagen,
die Arbeit
oder die Kinder sind schuld.
Wenn du wissen willst,
wer Schuld ist,
dann schau in den Spiegel.

## 12. „Wir haben keinen Bedarf."

„Danke, dass Sie so offen mit mir darüber sprechen. Gerade im Bereich ........., ............ und ................. ist es wichtig, einen verlässlichen Partner zu haben. Wenn Sie an diese Punkte denken, was ist Ihnen da besonders wichtig?"

Sprechpause – Antwort abwarten

„Worauf kommt es bei Ihnen an?"

„Worauf legen SIE besonderen Wert?"

\*\*\*\*\*\*

Ah, das trifft sich gut. Gerade Unternehmen wie Sie, die bereits einen Partner haben, nutzen uns in Ergänzung zu Ihrem bestehenden Partner, wenn es um Spezialthemen und sensible Prozesse im Bereich .................... und .................geht.

Über welche Spezialthemen denken Sie momentan nach?

Welche Themen werden bei Ihnen immer wichtiger?

Wie handeln/steuern Sie die gesamten .........-Aktivitäten?"

\*\*\*\*\*\*

Verkäufer: „Woran haben Sie keinen Bedarf?"
Interessent: „An Ihrem Angebot."

Verkäufer: „Ach, das muss ein Missverständnis sein, es gibt ja gar kein Angebot."

Oder

Verkäufer: „Darf ich das so zitieren?"
Interessent: „Was meinen Sie mit zitieren?"
Verkäufer: „Wenn ich Sie richtig verstehe, sprechen Sie im Namen von Herrn ...(Boss)... und damit im Namen der ABC-GmbH. Und ich finde es zitierwürdig, wenn die ABC-GmbH der Meinung ist, dass (Ihr Nutzenversprechen in Euro) völlig uninteressant ist. Was halten Sie davon?

\*\*\*\*\*\*

Die Aussage des Gesprächspartners: „Wir haben keinen Bedarf" ist zu interpretieren als: „Wir profitiere ich von deinen Produkten und Dienstleistungen?"

Verkäufer: „Oh, da höre ich raus, dass Sie ein zufriedener Kunde sind. Welche/welcher (setzt hier jetzt ein Produkt ein) sind denn bei Ihnen eingesetzt?"
Interessent: „Wir arbeiten mit xyz zusammen."
Verkäufer: „Das ist interessant, welche Gründe sprechen für dieses Unternehmen?
Welche weiteren Wünsche haben Sie für die Zukunft?"

\*\*\*\*\*\*

„Genau deswegen rufe ich an. Nur so können Sie einen direkten Leistungsvergleich machen.
Wie sieht es mit einem kurzen Gespräch am Donnerstag, den 13. gegen 14 Uhr bei Ihnen aus?"

\*\*\*\*\*\*

Henry Ford sagte einmal: "Ich prüfe jedes Angebot - es könnte das Angebot meines Lebens sein! Prüfen Sie uns jetzt – mein Terminangebot ist Wochentag - Datum - Uhrzeit - wie sieht es da bei Ihnen aus?"

******

„Herr/Frau Kunde, das wäre auch wie ein 6er im Lotto gewesen, wenn Sie gesagt hätten, auf den (Ihr Name) hätten Sie den ganzen Tag gewartet. Nach unserem Gespräch kennen Sie Spiel 77 mit Zusatzzahl.

Wie sieht es da am Donnerstag, den 13. gegen 14 Uhr bei Ihnen aus?"

******

„Herr/Frau Kunde, unser Gespräch hat auf jeden Fall zwei Vorteile für Sie:
1. entweder bekommen Sie die Bestätigung, dass Sie momentan einen akzeptablen Partner haben oder
2. Sie bekommen ein Angebot für einen besseren zukünftigen Partner.

Wie sieht es da in der kommenden Woche am Wochentag - Datum – Uhrzeit bei Ihnen aus?"

******

Verkäufer: „Mhmm, nun mal angenommen, Sie würden sich beraten lassen, was müsste Ihnen die Beratung bringen, damit sich der Termin für Sie lohnt?"

Interessent: „Die Qualität müsste besser sein als die jetzige."
Verkäufer: „Was sonst noch?"
Interessent: „Kürzere Lieferzeiten wären toll."
Verkäufer: „Bei unserem Termin lernen Sie in kurzer Zeit, welche Einsparungen Sie in der Zukunft haben und wie Sie von den schnellen Lieferzeiten und der guten Qualität profitieren. Damit Sie das unverbindlich überprüfen, lohnt es sich, das einmal anzuschauen.
Mein Terminangebot ist Wochentag – Datum – Uhrzeit – wie sieht es da bei Ihnen aus?"

******

Mit der Einwand-Vorwegnahme den Einwand erst gar nicht aufkommen lassen:
„Ich gehe sicherlich recht in der Annahme, dass Sie bereits einen Partner für den Bereich ....... und ........ von ........ haben, oder?
„Ja, selbstverständlich!"
„Genau deswegen rufe ich ja an. Gerade Unternehmen wie Sie, die bereits versorgt sind, nutzen uns als Ergänzung zu ihren bestehenden Partnern, wenn es um Spezialthemen wir x und y geht.
Welche speziellen Herausforderungen stehen bei Ihnen aktuell an?"

Falls der Interessent statt „Ja, selbstverständlich" „Nein" sagt, dann ist es sogar noch besser:
„Genau deswegen rufe ich Sie auch heute an, um .........."

## 13. „Wir haben das Angebot noch nicht gelesen."

„Ah, Herr/Frau ....... das ist doch eine gute Gelegenheit, sich jetzt mit dem Thema zu beschäftigen. Lassen Sie uns gemeinsam das Angebot anschauen – haben Sie es vorliegen?"

******

Einen Auftrag zu erhalten, ohne das der Kunde das Angebot gelesen hat, ist sicherlich auch schon vorgekommen. Der Regelfall ist das allerdings nicht. Wie verhalten wir uns, wenn der Kunde sagt: „Ich hatte noch keine Zeit, Ihr Angebot zu lesen."

Der durchschnittliche Verkäufer sagt: „Was meinen Sie, bis wann Sie dazu kommen und wann darf ich mich wieder melden?"

Diese Reaktion ist nicht direkt falsch, bringt aber erhebliche Verzögerungen in den Vertriebsablauf. Etwas übermotiviert war die Reaktion eines Verkäufers, der bei einem Kollegen anrief und sagte: „Soll ich es Ihnen vorlesen?"
Der richtige Ansatz ist schon da, denn wenn das Angebot aus drei Seiten besteht, kannst du natürlich den Vorschlag unterbreiten, jetzt gemeinsam das Angebot durchzugehen:

„Sollen wir das Angebot jetzt gemeinsam durchgehen?"

Wenn der Kunde jetzt keine Zeit hat, kannst du immer noch einen weiteren Termin vereinbaren. Wie gehen wir vor? Auch hier ist es angebracht, mit Unterstützung einer Überzeugungsformel den Zustimmungsgrad des Kunden zu testen:

*„Ich bin fest davon überzeugt, dass Sie mit .... sehr zufrieden sein werden."*

Und wenn für deinen Kunden ursprünglich ein bestimmter Termin relevant war, so setze jetzt noch einen Entscheidungsbeschleuniger ein:
*„Sie sagten in unserem Gespräch, dass der Bedarf .... konkret wird. Wenn das weiterhin der Fall ist, sollten wir spätestens ..... wieder sprechen, damit wir Ihren Wunschtermin einhalten können."*

Aurelius Augustinus:

*„In dir muss brennen, was du in anderen entzünden willst!"*

## 14. „Wir haben kein Interesse."

„Oh, Herr/Frau Interessent, was muss ich denn tun, um Ihr Interesse zu wecken?"

*****

„Andererseits bekommen Sie von mir Informationen, deren Wert Sie erst im Gespräch abschätzen können. Da habe ich gleich ein Terminangebot für Sie: Wochentag – Datum – Uhrzeit - wie sieht es da bei Ihnen aus?"

*****

„Umso wichtiger ist es doch, die Vorteile einer gemeinsamen Zusammenarbeit zu prüfen."

*****

Umdeutung: „Bedeutet das, ich habe es noch nicht geschafft, Ihnen die Vorteile und den Nutzen zu verdeutlichen?"
„Ja, stimmt."
„Dann lassen Sie uns ein Gespräch führen, mein Terminvorschlag ist Wochentag – Datum – Uhrzeit ..... wie sieht es da bei Ihnen aus?"

*****

„Danke, dass Sie so offen mit mir sprechen, Herr/Frau xyz.
Wir beide wissen doch, dass sich viele Dinge täglich ändern. Und was ich Ihnen jetzt anbieten werde ist, Ihnen eine konkrete Quelle zu nennen, mit der Sie direkt in Kontakt treten können, wenn Sie (einen

anderen Lieferanten, Angebot etc.) benötigen. Hier kommen meine Daten ...."

*****

„Danke für die klare Aussage, Herr Gissel. Wir beide wissen doch, dass sich die Welt dreht und sich die Dinge permanent verändern. Wie sieht es denn in Ihrem Unternehmen mit (setz hier deine weiteren Produkte und Dienstleistungen ein) aus? Das ist doch eine gute Gelegenheit, mit einem Testauftrag zu starten. In dem Zusammenhang habe ich noch zwei Fragen an Sie – ist das okay für Sie?"

„Prima, wenn ich Ihnen einen Weg aufzeige, wie Sie profitieren ..."

„Was bedeutet es für Sie, wenn wir so vorgehen, dass ...."

„Wie wichtig ist es für Sie, wenn ...."

*****

Sehen Sie, genau deswegen rufe ich Sie ja auch an. Denn viele unserer Kunden bestätigen uns immer wieder, dass sich Vorteile und Nutzen eines solchen Mediums noch viel zu wenig herumgesprochen haben. Es geht hier um das Image Ihres Unternehmens und wie Sie an neue Kunden kommen.
Wir brauchen ca. 20 Minuten um gemeinsam zu prüfen, ob auch Ihr Unternehmen von dieser Unterstützung profitieren würde. Deswegen mein Terminangebot für Wochentag – Datum – Uhrzeit – wie sieht es da bei Ihnen aus?"

*****

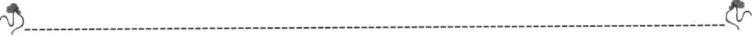

Metapher:
*"Das kann ich verstehen, Herr/Frau Kunde. Es war so 1985 da wollten die Sekretärinnen alle bei ihrer Schreibmaschine bleiben und hatten kein Interesse an einem neuen Produkt. Sie sagten: "Was soll ich denn damit? Meine elektrische Schreibmaschine funktioniert hervorragend, ich will nichts ändern." Das neue Produkt war: der Computer! Ich kenne viele Leute, die ähnlich wie Sie reagiert haben und im Nachhinein froh waren, 20 Minuten für ein Erstgespräch investiert zu haben. Wie sieht es am ......*

## 15. „Muss ich noch mit meinem Boss/Frau/Kollegen besprechen."

„Ich verstehe, dass Sie noch mit Ihrer Frau/Ehemann /Geschäftspartner darüber sprechen wollen. Wenn Sie die Entscheidung jetzt ganz alleine treffen, gehen wir dann im Projekt weiter voran?"

\*\*\*\*\*

"Herr Kunde, dafür habe ich Verständnis. Eine Frage: Wenn Sie nun alleine entscheiden, entscheiden Sie sich dann für mein Angebot?"

\*\*\*\*\*

„Ah, ich verstehe, Herr/Frau xyz, das macht ja auch Sinn. Eine Frage: Wenn Sie dies Ihrem (Boss, Partner) gezeigt haben und er davon begeistert ist, und er Ihnen sagt, dass Sie das Beste für das Unternehmen tun sollen, sind Sie überzeugt davon, dass dies die richtige Lösung für Sie ist und wir im Projekt weiter vorangehen?"

\*\*\*\*\*

Helfen Sie Ihrem Verhandlungspartner, diese Situation ohne Gesichtsverlust zu meistern: „Ich verstehe, dass dies eine wichtige Entscheidung für Ihre Firma/Ihre Familie ist. Für mich ist sie das auch. Deshalb wüsste ich natürlich gerne, wie es jetzt weitergeht. Meinen Sie, wir können Ihren Chef/Ihre Partnerin gleich anrufen? Wir waren uns im Prinzip ja schon einig. Wenn Sie Ja sagen, kann doch alles nur seinen geordneten Weg gehen (positiv).

\*\*\*\*\*

„Was glauben Sie wird Ihre Frau sagen, wenn Sie ihr berichten, dass Sie jetzt monatlich € 100 eingespart haben?"

*****

„Ich verstehe, dass Sie noch mit Ihrer Frau/Ehemann/Geschäftspartner darüber sprechen wollen. Lassen Sie uns doch schon die Unterlagen ausfüllen und wenn Ihre Frau/Ehemann/Geschäftspartner nachher das okay gibt, haben wir schon alles erledigt. Wenn nicht, dann zerreißen Sie es."

## 16. „Ihre Preise sind zu hoch. Was können Sie noch machen?"

1. Variante: Wir sagen NEIN!

*„Am Preis kann ich nichts mehr tun. Ich hatte Ihnen auf der Basis Ihrer Anfrage einen absoluten fairen Preis angeboten."*
Verkäufer sollten sich viel öfter trauen, auch einmal NEIN zu sagen. Allerdings ist dieses NEIN in dieser Phase zu früh. Denn es besteht die Möglichkeit, dass der Kunde jetzt auch aussteigt.

2. Möglichkeit: Der Verkäufer sagt JA!

*„Also gut, in diesem Fall räume ich Ihnen einen Sonderbonus von …. ein!"*

Das kann funktionieren, birgt aber die Gefahr, dass der Kunde weiter verhandelt oder den reduzierten Preis noch einmal zum Anlass nimmt, mit dem Wettbewerb zu sprechen.

Die beste aller Möglichkeiten an dieser Stelle ist eine andere. Bevor du irgendetwas in Richtung Preisnachlass unternimmst, solltest du zunächst einmal ausloten, wie weit dein Interessent bereit ist, zum jetzigen Zeitpunkt zu gehen.

1. Abschlussvorbereitende Frage:

*„Können Sie sich denn - abgesehen vom Preis - vorstellen, dass wir zusammenkommen?"*

Wie wahrscheinlich ist es, dass der Interessent auf diese Frage negativ antwortet? Nicht sehr wahrscheinlich. Der Kunde wird in den meisten Fällen sagen:

Interessent: *„Ja, das kann ich mir vorstellen."*

Was passiert jetzt in diesem Moment? Richtig, der Kunde stellt sich jetzt bildlich vor, das Geschäft mit Ihnen abzuschließen. Und das bringt uns ein wenig näher an den tatsächlichen Abschluss.

2. Abschlussvorbereitende Frage:

Es gibt eine wichtige Grundregel für alle Preisverhandlungen: Verhandele erst alle Nebenkriegsschauplätze, bevor du final über den Preis sprichst. Warum ist das so wichtig? Eine beliebte Taktik von Einkäufern besteht darin, zunächst einen Nachlass beim Preis auszuhandeln und dann weitere Nebenbereiche zu verhandeln. Beispiel: Liefer- und Zahlungskonditionen. Eine Möglichkeit, den Spieß einfach umzudrehen:

*„Sind wir denn - abgesehen von Endpreis - einig, oder gibt es noch weitere Punkte, die wir klären müssen?"*

oder

*„Gibt es außer dem Preis noch etwas, was Sie davon abhält, mit mir das Geschäft heute abzuschließen?"*

Wenn der Interessent jetzt noch weitere Punkte anspricht, die ebenfalls noch offen sind, solltest du zunächst über diese Punkte sprechen.

*„Herr Kunde, dann sollten wir zuerst über diese Punkte sprechen, damit wir abschließend auch fair über den Preis reden können."*

Mit dieser Vorgehensweise steigt die Chance, den Kunden zeitnah abzuschließen, schließlich wartet dein Verkaufsleiter auf den Auftrag. Denn indem wir alle offenen Punkte vor der abschließenden Preisverhandlung klären, nehmen wir dem Kunden gleichzeitig die Möglichkeit, sich am Ende des Gesprächs noch einmal zu vertagen. Sollte der Kunde diese Frage eher halbherzig bejahen, sollte der Verkäufer ruhig noch einmal nachhaken:

*„Also der Termin, die Zahlungs- und Lieferbedingungen sind okay und abgehakt?"*

Du wirst natürlich nicht in jedem Fall ein klares Ja bekommen, aber in den Fällen, wo der Kunde sich darauf einlässt, bist du dem Abschluss ein Stück näher gekommen.

3. Abschlussvorbereitende Frage:

Wenn du alle offenen Punkte außer dem Preis besprochen und geklärt hast, stell folgende Frage:

*„Also angenommen, wir finden beim Preis eine Lösung, machen wir heute den Abschluss?"*

Du wirst überrascht sein, wie häufig du hier ein JA bekommst. Und fürchte dich nicht, dass der Kunde mit NEIN antwortet, denn das Ziel dieser Frage ist es nicht, auf ein JA zu spekulieren, sondern überhaupt eine Antwort zu erhalten.

## 17. Fünf Gründe, warum Preisdrücker dein Geschäft vernichten

Grund #1:

Ein Kunde, der von dir einen reduzierten Preis haben will, wird später die ganze Zeit im Verkaufsprozess immer wieder weitere Forderungen stellen.

Preisdrücker denken, dass sie die Produkte immer irgendwo billiger bekommen und sie spannen die Verkäufer so für sich ein, dass es immer etwas zu tun gibt. Diese Kunden/Interessenten machen nur eins: sie fressen deine werthaltige Zeit auf und du lebst von der Hoffnung auf einen Auftrag (der nie kommen wird!).

Grund #2:

Hast du einem Kunden einen niedrigeren Preis angeboten, so wird er es allen anderen gerne erzählen. Für dich bedeutet das, dass alle anderen jetzt von dir den gleichen Preis verlangen oder sogar einen noch günstigeren Preis.

Das trifft natürlich alle deine normal zahlenden Kunden besonders hart. Was glaubst du, wie sie sich fühlen?

Grund #3:

Einen Preisnachlass zu geben ist wie eine Droge – ein Zugeständnis folgt dem nächsten Zugeständnis. Es fällt dir schwer, zu widerstehen. Hast du einmal den Preisnachlass gegeben, wirst du im nächsten Gespräch wieder einen Nachlass geben müssen und so fort.

Deine ganze Zuversicht in den Preis geht langsam verloren. Du glaubst, dass du nur noch Aufträge hereinholen kannst, wenn du den Preis reduzierst.

Grund # 4:

Der letzte Grund, warum die Preisdrücker dein Geschäft ruinieren liegt darin begründet, dass sie keinen Nutzen mit deinen Produkten und Dienstleistungen erkennen. Und der Beziehungsaufbau für sie völlig uninteressant ist.

Grund #5:

Wer als Interessent schon entsprechende Zahlungsziele fordert, ist möglicherweise klamm in der Kasse und nutzt dein Zahlungsziel als Zwischenfinanzierung. Du solltest auf jeden Fall frühzeitig die Bonität checken. Gibt es hier ein klares „Nein", dann nutze die Zeit und füll deine Pipeline mit liquiden Interessenten.

Kunden, die deinen angebotenen Preis bezahlen, haben den werthaltigen Nutzen erkannt. Nur mit diesen Kunden wirst du dein Geschäft langfristig aufbauen können.

Drehst du an der Preisschraube, bedeutet das: du reduzierst deinen Profit und zerstörst die Kundenbeziehung.

## 18. „Zu teuer."

Ist der Verkäufer gut vorbereitet für sein Verkaufsgespräch, dann ergänzt er diesen Hinweis und stellt das Wort „Noch" voran. Damit wird die Aussage des Gesprächspartners entschärft und ich bereite mich mental darauf vor, weitere Nutzenargumente zu bringen. In seinem Geiste wiederholt der Verkäufer den Einwand des Interessenten und sagt sich: „Noch zu teuer." Und schon sind für das Gespräch Tür und Tor wieder geöffnet.

*„Warum?"*

\*\*\*\*\*

*„Wer sagt das?"*

\*\*\*\*\*

*„Im Verhältnis wozu, Herr Interessent?"*

\*\*\*\*\*

*„Wenn ich Sie richtig verstehe, das Produkt überzeugt Sie?"*

\*\*\*\*\*

*„Welcher Teil meines Angebotes ist Ihnen zu teuer?"*

\*\*\*\*\*

*„Weshalb sagen Sie das? Glauben Sie, dass die Qualität nicht stimmt? Welche Anforderungen müssten erfüllt sein, damit Sie sicher sein können, dass das Produkt den Preis wirklich wert ist?"*

*****

*Ich bin seit x-Jahren im Verkauf tätig und die Frage nach dem Preis wird in letzter Zeit immer weniger gestellt. Für meine Kunden sind folgende Punkte wichtig: 1. erstklassige Qualität, 2. ein exzellenter Service, 3. eine kompetente Zuverlässigkeit, 4. ein persönlicher Ansprechpartner und 5. ein attraktives Preis-/Leistungsverhältnis. Was ist für Sie besonders wichtig?*

*****

„Gibt es außer der Investition (das Wort PREIS vermeiden!) noch etwas, das Sie zögern lässt, jetzt von meinem Angebot zu profitieren?"

*****

„Also angenommen, wir finden bei der Investition eine Lösung - geben Sie mir dann heute den Auftrag mit?"

*****

„Ah, ich verstehe, die Investition ist Ihnen wichtig. Was spricht sonst noch dagegen?"

*****

„Ah, ich verstehe, womit vergleichen Sie?"

*****

„Frau ....., ich biete Ihnen heute eine erstklassige Qualität, einen exzellenten Service und einen attraktiven und marktgerechten Preis.

Wenn ich den Preis verändere, muss ich die Qualität und den Service ändern. Was empfehlen Sie mir?"

\*\*\*\*\*

„Ah, ich verstehe, der Preis ist Ihnen wichtig. Was muss Ihnen diese Lösung konkret bieten, damit Sie sagen: Dann ist der Preis natürlich gerechtfertigt?"

\*\*\*\*\*

„Ah, ich verstehe, haben Sie günstigere Angebote für 1:1 dieselbe Lösung vorliegen?"
Kunde: „Ja habe ich."
„Nachdem Sie dieses günstigere Angebot trotzdem noch nicht angenommen haben, freue ich mich, dass Sie grundsätzlich mit mir zusammenarbeiten möchten." (Lächeln!)

\*\*\*\*\*

„Oh, das erstaunt mich aber. Was haben Sie denn ganz konkret miteinander verglichen?"

Interessent: „Mit den Preisen Ihrer Konkurrenz."

„Herr/Frau Interessent, da habe ich doch die Bitte, dass wir gemeinsam auf die Angebote schauen und ich sage Ihnen exakt, wo die Unterschiede liegen, denn meine Kunden bestätigen mir immer wieder, dass unsere Preise/Tarife fair und marktgerecht sind.
Meine Bitte: Lassen Sie uns gemeinsam auf das Angebot des Mitbewerbers schauen und ich sage Ihnen ganz konkret, auf welche Punkte Sie besonders achten sollen.

*Wer ist denn sonst noch im Rennen?"*

*****

*„Sagen Sie mir doch bitte, mit was vergleichen Sie dieses Angebot?"*

Das zwingt den Kunden zum Nachdenken. Vielleicht kommt er drauf, dass dein Produkt nicht zu teuer ist, aber dass ihm einfach im Moment das Geld fehlt. Dann liegt es an dir, entsprechende Finanzierungsvarianten aufzuzeigen, die den Kauf ermöglichen. Vielleicht bringt er auch das Konkurrenz-Angebot, das tatsächlich etwas tiefer liegt. Jetzt bist du gut dran, wenn du die Produkte deiner Konkurrenz gut kennst.
Ist das nicht der Fall, schlage ich folgende Frage vor:

*„Sind Sie sicher lieber Kunde, dass wir hier nicht Äpfel mit Birnen vergleichen? Bietet der Mitbewerb Ihnen genau die gleichen Vorteile?"*

Vielleicht gehst du dann die Vorteile und den Nutzen einzeln durch und vergleichst mit dem Konkurrenz-Angebot. Sollte es tatsächlich stimmen, dass der andere die besseren Leistungen zu einem günstigeren Preis anbietet, dann schindest du Punkte, in dem du deinem Kunden empfiehlst, dort zu kaufen. In mindestens 80 Prozent aller Fälle und sofern du deinem Kunden sympathisch bist, wird er antworten: *„Nein, ich möchte lieber bei Ihnen kaufen. Sie kenne ich ja schon."*

*****

Wenn zum Beispiel deine Produkte oder Dienstleistungen teurer sind als die deiner Konkurrenz, dann solltest du wissen, warum das so ist. Vielleicht benutzt dein Unternehmen eine viel bessere und höhere Qualität beim Produkteinkauf, bietet einen besonderen Service an als

das, was die Konkurrenz bietet. Dann ist das doch deine Aufgabe, diese Botschaft an deinen Gesprächspartner zu adressieren:

*„Unsere Produkte/Dienstleistungen sind nicht die billigsten auf dem Markt. Das hängt damit zusammen, dass wir besonders hohe Anforderungen an unsere Lieferanten stellen und wir zusätzlich einen 24 Std./7 Tage-Service bieten mit einem persönlichen Ansprechpartner.*
*Meine Kunden bestätigen mir immer wieder, dass wir die Einzigen auf dem Markt sind, die diese Topp-Level-Qualität anbieten. Wie wichtig ist das für Sie?"*

✶✶✶✶✶

**Preise minimieren und Leistung maximieren**

Zwei weitere Möglichkeiten, dem Preis-Argument zu begegnen, sind die Aufsplittungs- und die Abzahlungs-Technik. Bei der Aufsplittungs-Technik zeigst du deinem Kunden, wie wenig er pro Tag, pro Woche oder pro Monat bezahlen muss und wie viel er im Gegenzug dafür erhält. Das klingt dann so:

*„Herr Kunde, Sie haben recht - 4.000 Euro sind auf den ersten Blick viel Geld. Deshalb machen Sie folgende Rechnung: Selbst wenn Sie diesen Computer drei Jahre benutzen, so sind das weniger als 8 Euro pro Arbeitstag. Und das System hilft Ihnen, 30 Prozent der Zeit einzusparen. Welcher Wochentag ist ideal für eine Installation?"*

Die Abzahlungs-Technik ist eine Verstärkung der Aufsplittungs-Technik. Anstatt, dass du dem Kunden nur vor Augen führen musst, wie wenig er pro Monat bezahlen muss, bietest du ihm diese Zahlungsart direkt an. Da bietet sich die Zusammenarbeit mit einer

Leasingfirma an.

*****

**Volkswagen/Rolls-Royce-Technik**

Die meisten Verkäufer von Investitionsgütern machen den Fehler, dass sie die billigste Variante als die Standard-Version anbieten. Wenn dann der Kunde sagt *„zu teuer"* bleibt nichts mehr übrig als das leidige Rabatt-Gerangel.

Biete doch einfach die Luxus-Variante als Grundversion an (Beispiel: Fernseher *„Ich will Ihnen nur mal zeigen, was heute technisch machbar ist"*). Dann kannst du auf das Argument *„zu teuer"* wie folgt kontern: *„Okay, Herr Kunde, wir haben jetzt die Rolls-Royce-Variante zusammengestellt. Vielleicht genügt für Sie der Volkswagen. Lassen Sie uns schauen, auf was Sie verzichten können."*

Verzichten tut niemand gerne und so bleibt es meistens bei der Luxus-Variante.

*****

*„Gibt es außer dem Preis sonst noch etwas, was Sie zögern lässt, von meinem Angebot zu profitieren?"*

Interessent: *„Nein, es ist nur der Preis."*

*„Das heißt also, wenn ich Ihnen aufzeige, dass Preis und Leistung wirklich stimmen und Sie unter dem Strich mit unserem Produkt super fahren, dann nehmen Sie es - ist das richtig?"*

*****

„Wenn ich Ihnen beweisen kann, dass der Preis mehr als gerechtfertigt und das Produkt jeden Cent wert ist, machen Sie dann heute von meinem Angebot Gebrauch?"

Jetzt muss der Interessent eine verbindliche Aussage in Bezug auf den Preis machen, obwohl er in Wirklichkeit irgendeinen anderen Einwand hat, den Sie herausfinden können und müssen.

In einem solchen Fall wird er antworten: *„Tja, nein, wohl kaum."*

Und nun fasst du als Verkäufer nach: *„In diesem Fall zögern Sie aus einem anderen Grund. Welcher ist das?"* Diese Methode eignet sich hervorragend dazu, den wirklichen, wahren Einwand ans Tageslicht zu fördern.

Wenn der Kunde in der Tat Einwände gegen den Preis hat, fahr wie folgt weiter: *„Herr Schneider, wie gefällt Ihnen das Produkt?"*

Oft wird die Antwort lauten: *„Ja, es gefällt mir, aber der Preis ist ein wenig zu hoch."* Du (mit sanfter Stimme): *„Glauben Sie, dass man zu viel für etwas bezahlen kann, was einem wirklich gefällt?"* Nun ist der Ball wieder beim Gesprächspartner.

*****

**Der Verlustangst-Abschluss**

Nun geht es um etwas sehr Elementares.

Die Angst, etwas zu verlieren, ist manchmal größer als der Wunsch, etwas zu gewinnen!

Du musst deinem Kunden klar machen, dass er bei dir in guten Händen ist und dass er nichts verlieren wird (weder Geld noch „Gesicht") wenn er dir etwas abkauft, dass er aber etwas verlieren wird, wenn er nicht bei dir kauft.

Sag zum Beispiel: *„Der Preis kümmert Sie nur ein einziges Mal, nämlich an dem Tag, an dem Sie kaufen. Die Qualität kümmert Sie aber während der ganzen Lebensdauer des Produktes. Und nun überlegen Sie sich doch einmal: Was ist besser, etwas mehr zu bezahlen, als man erwartet hat, oder etwas weniger zu bezahlen, als man eigentlich sollte?* (Warte die Antwort ab).

Die Antwort ist doch einfach: *„Wenn Sie etwas mehr bezahlen, als Sie erwartet haben, handelt es sich um Beträge von ein paar Cents. Bezahlen Sie aber weniger, als Sie eigentlich sollen, und erfüllt das Produkt ihre Erwartungen nicht, verlieren Sie alles."*

*****

*„Gibt es sonst noch etwas außer dem Preis, das Sie von einer Zusage abhält?"*

Interessent: *„Ich fühle mich unsicher, ob die Pumpe die Belastung auf Jahre wirklich aushält."*

*„Mhmm, die Pumpe muss wirklich auf Jahre hinaus halten.*

*Angenommen, ich gebe Ihnen anhand von Erfahrungen und Referenzen die Sicherheit, dass die Pumpe viele Jahre hinaus hält, stimmen Sie dann jetzt meinem Angebot zu?"*

*"Wenn ich mich in Zukunft sicher fühlen kann, ja."*

\*\*\*\*\*

Meine Frage an Sie: „Sprechen Sie vom Preis oder von den Kosten? Der Preis kümmert Sie nur ein einziges Mal; mit den Kosten müssen Sie sich aber herumschlagen, solange Sie dass Produkt haben. Andere Produkte schlagen vielleicht unseren Preis, wenn es aber um die Kosten geht, gewinnen wir. Sie leben offenbar kostenbewusst. Gibt es also irgendeinen Grund, weshalb Sie nicht sofort von den denkbar günstigen Kosten profitieren sollten?"

\*\*\*\*\*

„Wenn ich Sie richtig verstehe, geht es Ihnen vornehmlich darum, dass Sie ein optimales Preis-/Leistungsverhältnis haben. Habe ich Sie da richtig verstanden, Herr/Frau xyz?"

Interessent: „Ja, genau!"

„Das heißt, wenn ich Sie davon überzeuge, dass Sie langfristig damit günstiger fahren, obwohl Sie am Anfang etwas mehr bezahlen, dann ist das ein wichtiges Thema für Sie? Habe ich Sie richtig verstanden?"

Interessent: „Ja, das kommt darauf an. Das müssen Sie erst einmal beweisen."

\*\*\*\*\*

Als ich mit einem Verkäufer aus der Farben- und Lackbranche unterwegs war, hatten wir ein interessantes Verkaufsgespräch mit dem Inhaber eines größeren Malerbetriebes. Als der Verkäufer sein neues Produkt vorgestellt hatte, kam die Frage auf: *„Was kostet da die Literdose?"* Der Verkäufer, noch jung im Verkauf, antwortete spontan: *„28 Mark Fünfzig."* Sie können sich denken, was der Malermeister konterte: *„Viel zu teuer!"*

Nach drei Sekunden Schweigezeit entwickelte sich folgender Dialog:

Ich: *„Ich habe schon mal für einen Liter Farbe über dreitausend Mark bezahlt."*

Malermeister: *„Unmöglich, gibt es nicht, Sie wollen mich veräppeln."*

Ich: *„Ich habe mir vor 12 Monaten einen Farbdrucker gekauft mit vier Farbpatronen. Jede Patrone beinhaltet 9 Milliliter Farbe. Für eine Farbpatrone habe ich 27,50 Mark bezahlt. Hoch gerechnet auf einen Liter ergibt das einen Literpreis von über dreitausend Mark!"*

Malermeister: *„Das ist wirklich teuer!"*

Sie können sich vorstellen, dass wir nach dem Produkt- und Preisvergleich noch einen fetten Auftrag geschrieben haben.

*****

*„Ich bin froh, dass Sie sich wegen des Preises Gedanken machen, denn der Preis ist einer unserer interessantesten Vorteile. Stimmen Sie mir zu, dass der Wert eines Produktes dadurch bestimmt wird, was es für Sie in der Praxis tun kann und nicht dadurch, was Sie dafür bezahlen?"*

(Jetzt auf die Antwort warten)

„Gut, dann wollen wir doch einmal sehen, was unser Produkt für Sie tun kann."

Oder (auf den gleichen Einwand)

„Sehen Sie, unser Unternehmen stand vor der Wahl, unser Produkt so billig wie möglich herzustellen und zu Schleuderpreisen auf den Markt zu bringen oder auf Qualität zu achten, damit es unseren Kunden wirklich und auf lange Zeit dient. Und so haben wir versucht, uns in Ihre Lage zu versetzen. Wir waren sicher, Sie würden es lieber mit einem Unternehmen zu tun haben, die alles nur Erdenkliche in ihr Produkt hineinsteckt, als mit einer solchen, die mit billigem Material und billigen Produktionsverfahren etwas Zweit- oder Drittklassiges herstellt. Den meisten Leuten – und bestimmt auch Ihnen – ist es klar, dass gute Dinge nicht billig sind und billige Dinge sind meist nicht gut. Und Sie wollen doch sicherlich etwas kaufen, das Ihnen auf lange Sicht gute Dienst leistet. Sehe ich das richtig, Herr Interessent?"

*****

Sie sind im Vertrieb und machen viele Ladentisch-Geschäfte? Das schnelle Geschäft im Direktvertrieb? Sprechen Sie mit gedämpfter Stimme und schauen Sie dem Interessenten die Augen. Hier kommt eine schnelle Abschlussvariante:

„Wissen Sie, Herr/Frau Interessent, unser Unternehmen hat schon vor Jahren eine grundlegende Entscheidung getroffen. Wir beschlossen, es würde einfacher sein, ein einziges Mal die Investition zu rechtfertigen als sich immer wieder für die schlechte Qualität entschuldigen zu müssen. (Kurze Pause.) Und Sie sind sicher auch

*froh, dass wir uns dafür entschieden haben, nicht wahr?"*

\*\*\*\*\*

**Wie du deiner Konkurrenz immer einen Schritt voraus bist**

Ich hatte im letzten Jahr einige Verkäufer gecoacht, die in einem starken Wettbewerbsumfeld aktiv waren. Es war an der Tagesordnung, dass in einer Stadt plötzlich vier Konkurrenten bei Kunden und Interessenten auftauchten.

In einer solchen Situation kommt ja noch hinzu, dass es immer einen Anbieter gibt, der mit dem Preis nach unten geht. Wenn du und deine Konkurrenz genau das gleiche Produkt verkaufen, dann wird dein Verkauf schon sehr anspruchsvoll sein. Du erinnerst sich sicher noch an den Spruch: *„Du bekommst das, wofür du bezahlt hast."* Kunden und Interessenten führen dann immer gerne an, dass sie den gleichen Artikel um die Ecke erheblich billiger bekommen.

Um diesen Einwand abzufedern, musst du mehr werthaltigen Nutzen liefern, einen besseren Service oder ein besseres Produkt als deine Konkurrenz. Wenn du nicht davon überzeugt bist, dass deine Produkte und dein Service erheblich besser sind als deine Konkurrenz – mit anderen Worten: wenn du dir nicht selbst den höheren Preis verkaufen kannst – dann wirst du auch nie einen Interessenten überzeugen können.

**Bring die schlechten Nachrichten zuerst!**

Wenn deine Konkurrenz günstigere Preise anbietet, dann sprich dieses Thema bereits früh im Verkaufsprozess an. Ja, du hast richtig gehört: erzähl deinem Interessenten, dass er dein Produkt oder deinen Service woanders billiger bekommt. Der Schlüssel darin: *was* sagst du und *wie* sagst du es!

Ich mache das wie folgt: *„Herr Schneider, über eins sollten wir uns gleich zu Beginn unseres Gespräches im Klaren sein, Sie werden so ähnliche Produkte irgendwo günstiger bekommen. Und weil wir konkurrenzfähig sind, haben wir nie die niedrigsten und auch nicht die höchsten Preise. Und jetzt wissen Sie, dass wir nicht die Billigsten sind und auch nie sein werden. Macht es da Sinn, unsere Gespräche weiter fortzuführen?"*

Die Antwort wird dir zeigen, ob dein Gesprächspartner an der billigsten Version interessiert ist oder ob er mehr Wert auf werthaltigen Nutzen legt.

**Du entscheidest**

Der überwiegende Teil deiner Kunden und Interessenten ziehen es vor, nicht beim billigsten Anbieter zu kaufen. In einem solchen Fall ist doch deine Antwort ziemlich einfach: *„Danke für diese wichtige Information. Wie läuft der Entscheidungsprozess in Ihrem Unternehmen ab?"*

Damit lässt du die Preisdiskussion hinter dir und gehst schnurstracks zu den wahren Wünschen und Bedürfnissen deiner Interessenten. Dieser Ansatz ist sogar besonders bei den Interessenten geeignet, die dir in die Augen schauen und sagen, wenn du nicht der billigste bist, dann machen sie auch keine Geschäfte mir dir.

**Warum?**

Weil du die Kontrolle über das Gespräch behältst. Wenn dir einer sagt, dass er nur bei dem Billigsten kauft, dann hast du trotzdem eine

gute Chance. Du kannst dann immer noch mit deiner Rabatt-Strategie überzeugen. Oder du verlässt das Büro deines Interessenten und überlässt ihn deiner Konkurrenz, die in diesem Projekt dann Geld verliert.
Die Entscheidung liegt bei dir.

Über eins müssen wir uns auch im Klaren sein: sie funktioniert nicht immer zu 100 Prozent. Das findest du nirgendwo. Verspricht dir das einer, dann lügt er dich an. Es gibt aber auch Interessenten, die dir mit einem Lächeln im Gesicht mitteilen, dass sie am günstigsten Preis nicht interessiert sind. Am Ende des Verkaufsprozesses kommen sie dann mit ihren Rabattforderungen.

Stehst du in einem Preisvergleich und du willst gerne abschließen, dann lass dir immer was geben für dein Rabatt-Angebot. So kannst du zum Beispiel deinen Interessenten fragen:

*„Herr Schneider, ich bin mir nicht sicher, ob ich Ihnen heute drei Prozent Rabatt geben kann. Wenn ich es kann, geben Sie mir dann heute den Auftrag mit?"*

Oder:

*„Wenn ich Ihnen heute den Rabatt gebe, zahlen Sie denn per Vorauskasse?"*

Damit hast du eine ausgewogene Situation. Er bekommt etwas von dir und du bekommst etwas von ihm. Beide gewinnen in einer solchen Situation. Das nennt sich „win-win-situation." Diese Vorgehensweise hilft dir auch bei späteren Nachbestellungen. Dein Kunde wird nicht mehr davon ausgehen, dass er wieder den „üblichen Rabatt" bekommt.

**Vier wahre Geschichten:**

Wenn alles nichts nutzt, hier habe ich vier weitere Tipps für dich, wie du mit Preisdrückern umgehen solltest.

1. Wenn du weißt, dass dein Interessent den Preis drücken will und auf der Suche nach einem besseren Preis ist, dann fordere ihn auf, dich anzurufen, sobald er ein günstigeres Angebot vorliegen hat. Es geht nicht darum, dass du bei dem Angebot mithalten sollst. Was dich interessiert in dem Fall ist die Marktsituation und daraus kann sich für dich eine zweite Chance ergeben.

2. Erzählt dir dein Interessent, dass er dein Produkt um die Ecke 50 Prozent günstiger bekommt, antworte wie folgt: *„Wow, das ist ein großartiges Geschäft – da kann ich nicht mithalten. Warum haben Sie da noch nicht gekauft?"* Die Antwort bringt dir möglicherweise den entscheidenden Hinweis, um den Abschluss doch noch zu erzielen.

3. Wirst du mit der Aussage: *„Das kriege ich woanders billiger"* konfrontiert, dann antworte wie folgt: *„Danke, dass Sie so offen mit mir reden. Das Leben zeigt mir, dass drei Dinge ganz wichtig sind wenn es um eine Investition geht: Qualität, Service und Preis. Die Erfahrung zeigt auch, dass Sie nur zwei gleichzeitig bekommen können. Welche zwei sind besonders wichtig für Sie?"*

4. Sobald jemand dir sagt, dass deine Produkte und Dienstleistungen teuer sind, dann antworte wie folgt: *„Das ist genau der Grund, warum sie mit mir das Geschäft machen sollen."* Danach bist du ganz ruhig und strahlst deinen Gesprächspartner an mit hochgezogenen Augenbrauen an und

wartest darauf, was jetzt kommt. Ich kenne Verkäufer, die mit dieser Aussage den Auftrag in 90 Prozent der Fälle erhalten.

Es gibt viele Möglichkeiten, in einem solchen Marktumfeld der Konkurrenz zu zeigen, wer die Nase vorn hat. Zu allererst stell immer sicher, dass du mit Begeisterung an dich, an deine Produkte und an dein Unternehmen glaubst. Ohne diese Begeisterung nutzen dir die gesamten Strategien, Techniken und Tipps in keiner Weise etwas. Es ist dein Glauben an den werthaltigen Nutzen der Produkte und Dienstleistungen und damit wirst du deinen Interessenten überzeugen.

## 19. Drei Kardinalfehler in der Preisnennung

Kardinalfehler #1: Die bedeutungsschwangere Pause

Kunde: *„Schön und gut, aber was kostet nun die Dichtungsmasse pro Kilo?"*

Verkäufer: (holt 5 Sekunden tief Luft, atmet deutlich durch und antwortet dann mit bedeutungsschwanger erhobener Stimme)

*„Zweiundzwanzig Euro fünfzig, Herr Müller."*

(Er lässt eine Pause eintreten, schaut dabei dem Kunden unterstreichend in die Augen, schlägt schließlich schuldbewusst den Blick nieder, bleibt stumm, wartet ab).

Kunde: (nutzt die Pause zum Überlegen und zum Kultivieren seiner ‚Empörung', sammelt sich und seine Konzentration, erinnert sich an alle erlernten Tricks in Einkäuferseminaren, dann mit hämischem Ton in der sorgsam modulierten Stimme)

*„.... zweiundzwanzig EUUUUROOOOO und füüüünfzig????? Zweiundzwanzig Euro, wirklich? .... wieso zweiundzwanzig Euro fünfzig ...?"*

Wie würden Sie den Kunden beurteilen, wenn er anders reagierte? Er muss doch gerade den Preis „in den Schmutz zerren" bei dermaßen viel Gewicht auf einer Antwort und bei dermaßen viel Gelegenheit zur Sammlung und Konzentration auf dieses Unding namens Preis – der Kunde müsste schon ein Masochist sein, wenn er da seine Chance nicht nutzen würde.

Dieses Beispiel überzeichnet natürlich. Aber der Kardinalfehler liegt in den Betonungspausen vor und nach der Preisantwort.

Richtiggehende „Einwirkungspausen" sind das, die den Preis aufs sprachliche und rhetorische Podest heben, dass alle anderen Argumente aus dem vorausgegangenen Verkaufsgespräch zwergenhaft daneben in den Staub sinken.

Kardinalfehler #2: Das Vernebelungs-Gequatsche

Kunde: *„Alles gut und schön was Sie mir da erzählen, aber wie teuer ist das Zeug?"*

Verkäufer: (atemlos und hektisch mit hastigen Worten bemüht, die Frage des Kunden schon abzuwürgen, noch ehe der so recht ausgesprochen hat)

*„... Sie müssen wissen, dass wir diese Emulsion seit 25 Jahren herstellen, alleine 27 Techniker sind bei uns laufend mit der Qualitätsüberwachung beschäftigt. Bisher haben wir kaum je von Reklamationen gehört, deswegen aber müssen wir - dafür bitte ich Sie um Verständnis – fürs Kilo eben schon zweiundzwanzig Euro fünfzig berechnen ..."*

Kunde: (unterbricht den Redeschwall trocken und rücksichtslos)

*„Viel zu teuer!"*

Diese Antwort ist logisch. Durch die weitschweifige und hektische Ausbreitung über Fakten, die der Kunde jetzt gar nicht mehr aufzunehmen bereit ist, damit hat ihm dieser Verkäufer das schlechte

Gewissen signalisiert, das er innerlich gegenüber dem Preis hegt. Der Kunde folgert messerscharf, dass in diesem Preis wohl sehr viel „Luft" steckt. Er analysiert während des Redeschwalls:

*„In 25 Jahren haben die längst die Entwicklungs- und Einrichtungskosten rein. Die melken den Markt..., das lasse ich mir nicht bieten."*

Der Verkäufer hat hier die Regel missachtet: *„Wer sich entschuldigt, der klagt sich an."*


Kardinalfehler #3: Die Schuldabwälzung

Kunde: *„Und jetzt zum Preis ......"*

Verkäufer: (dienstbeflissen, betont bemüht, greift in seine Mappe und holt einen dicken Sammelordner heraus.):

*„Da muss ich mal nachsehen..."*

(Er sucht fieberhaft, blättert und zeigt deutlich, dass er anscheinend keine Ahnung von so einer „Nebensache" wie dem Preis seiner Ware hat.

Es entsteht eine von heftiger Tätigkeit erfüllte schweigende Pause.)

*„... einen Moment noch.." „... ich habe es gleich...."*

Er schüttelt nochmals den Kopf; *„....hier! ....wusste ich es doch: zweiundzwanzig Euro fünfzig das Kilo."*

Kunde: (spielt auf die Unkenntnis des Verkäufers triumphierend an):

*„Den Preis haben Sie wohl erst dieser Tage heraufgesetzt?"*

Und schon ist der Kunde mitten drin in der Preis-Demontage. Einen besseren Einstieg kann ihm der Verkäufer kaum bereiten.

Kennen Sie Verkäufer, die so tun, als sei die Frage nach dem Preis die größte Ausnahme im gesamten Verkaufsgespräch?
Der Kunde spürt direkt körperlich, dass dem Verkäufer hier etwas peinlich ist, dass hier etwas Unangenehmes am Produkt ausgesprochen wurde. Je kleiner die Produktpalette, desto deutlicher prägt sich natürlich diese Wirkung ein, wenn der Verkäufer erst in den Unterlagen wühlt, um den Preis zu finden.

## 20. Fünf Verkäufer-Techniken, wie du den Preis-Einwand des Kunden gewinnbringend aufgreifst

#1 Bumerang-Methode:

Weis mit dieser Verkäufer-Technik den Einwand zurück und nutze Sie ihn als Aufhänger zur Nennung von Vorteilen/Nutzen: *„Das wäre richtig, wenn der von mir genannte Preis nicht mehr als gerechtfertigt wäre durch …"*

*„Gerade deshalb sollten wir einmal gemeinsam vergleichen, welche Vorteile gerade Ihnen durch mein Angebot im Vergleich zu denen meiner Konkurrenz entstehen werden."*

#2 Alternativ-Methode:

Frag ihn, ob er das „eine" oder das „andere" Produkt/Angebot meint: *„Meinen Sie mein Angebot mit den von Ihnen geforderten Dienstleistungen, die Ihnen nur unser Unternehmen bieten kann, oder die abgespeckte Version?"*

#3 Rückstell-Methode:

Stell seine Frage zurück, bis er die Vorteile des Gesamtangebotes erkannt hat: *„Darf ich Ihre Frage noch einen Augenblick zurückstellen, damit ich Ihnen vorher noch zwei entscheidende Punkte erklären kann?"*

Oder: *„Ich weiß, dass Sie ein scharfer Rechner sind und nicht die Katze im Sack kaufen. sondern erst wissen wollen, was Sie für Ihr gutes Geld bekommen. Darf ich deshalb Ihre Frage noch einen Moment zurückstellen, damit wir gemeinsam untersuchen können,*

was Ihnen unser Angebot im Vergleich zu Ihrer bisherigen Lösung mehr bringen kann?"

#4 Erfahrungs-Methode:

Nenn deinem Interessenten einen Kunden, dem der Preis anfänglich auch zu hoch erschien und der jetzt Dauerkunde ist.

„Ich erinnere mich gerade an einen guten Kunden, dem unser Preis anfänglich auch zu hoch erschien. Daraufhin haben wir seine derzeitige Produktionsmethode sowie seine Marketing- und Verkaufsaktivitäten, genau wie wir es jetzt tun, durchgerechnet. Gerade vor ein paar Tagen hat er mir bestätigt, dass er seinen Gewinn um ... gesteigert hätte."

#5 Plus/Minus-Methode:

Mit dieser Verkäufer-Technik gibst du zu, dass der Preis etwas über dem Konkurrenzangebot liegt. Erwähn jedoch, was der Kunde mehr an Leistungen und Vorteilen von dir erhält: „Es ist richtig, dass unser ... (Produkt/Angebot) ein wenig höher im Preis (nicht: teurer!) liegt, als das Ihres jetzigen Lieferanten. Wenn ich Sie vorhin richtig verstanden habe, sind Sie vor allem an .......... interessiert. Und, wie Sie sich selbst überzeugen können, ermöglicht Ihnen ... (Präsentation von Vorteilen)........! Wie interessant ist das für Sie?"

Obwohl der Mitbewerber das gleiche Angebot (angeblich) zum wesentlich niedrigeren Preis anbietet, verhandelt dein Kunde hartnäckig mit dem Ziel, die von dir angebotenen Leistungen zum niedrigeren Konkurrenzpreis zu erhalten.

Ein Widerspruch, der die höhere Wertschätzung deines Angebotes durch den Kunden still bestätigt.

## 21. „Wir haben bessere Angebot von der Konkurrenz vorliegen"

Interessent: „Ich bin sicher, dass ich diesen Artikel oder einen ähnlichen irgendwo billiger bekommen werde."

„Sicher, ich verstehe Ihre Bedenken. Aber ich habe über die Jahre eins gelernt: Die Menschen wollen immer drei Dinge, wenn sie Geld ausgeben: die beste Qualität, den besten Service und – natürlich - den niedrigsten Preis. Ich habe in meinem Leben noch nie eine Firma gefunden, die all diese drei Sachen anbieten konnte.
Man kann einfach nicht die beste Qualität und den besten Service zum niedrigsten Preis anbieten. Und auf lange Sicht gesehen, auf was würden Sie von den drei Dingen am ehesten verzichten können? Auf die beste Qualität? Auf den ausgezeichneten Service? Oder auf den niedrigsten Preis?"

*****

Interessent: „Ich bin sicher, ich kann dieses oder ein ähnliches Produkt viel billiger bekommen."
„Zugegeben Herr Müller, ich hätte auch für andere Unternehmen in diesem Geschäftszweig arbeiten können. Aber nach reiflicher Überlegung habe ich mich mein jetziges Unternehmen entschieden, einfach, weil ich den Kunden, wenn ich ihm gegenüber sitze, frei in die Augen sehen und Ihnen sage: „Sie verhandeln mit dem Unternehmen, das Ihnen in diesem Geschäftsbereich den absolut höchsten Qualitätsstandard bietet.
Nun weiß ich, dass Sie Qualität schätzen. Diese paar Euro tragen dazu bei, dass Sie Tag für Tag mehr Freude an einem System von höchster Qualität haben. Das zahlt sich doch langfristig für Sie aus, sehen Sie das auch so?"

*****

„Herr/Frau xyz, immer wenn es um Alternativen geht, dann ist der einfachste und schnellste Weg der sofortige Preisvergleich. Das Problem bei Preisvergleichen ist immer, dass Äpfel mit Birnen verglichen werden.

Ich habe einen Vorschlag:
Senden Sie mir das vorliegende Angebot (oder den Preisvergleich) und ich vergleiche das direkt mit meinem Angebot. Und wenn ich finde, dass dies ein besseres Geschäft für Sie ist, dann sage ich es Ihnen auch. Wenn ich aber herausfinde, dass ich Ihnen einen besseren Preis oder Service anbieten kann, dann werde ich dies tun.

Wie immer Sie sich entscheiden, Herr/Frau xyz, Sie gewinnen in jedem Fall.
Wann schicken Sie mir das Angebot zu?"

*****

8 Fragen zu der Aussage: Wir haben bessere Angebote von Ihrer Konkurrenz vorliegen.

1. „Ist denn bei der Konkurrenz auch die erste Wartung im Preis enthalten?"
2. „Hat die Konkurrenz auch Referenzkunden benannt?"
3. „An welchen Punkten machen Sie die Vergleichbarkeit fest?"
4. „Was für ein Konzept hat die Konkurrenz angeboten?"
5. „Wie stellt die Konkurrenz sicher, dass ….?"
6. „Welche Nebenkosten sind enthalten?"
7. „Welche Lieferbedingungen bietet die Konkurrenz an?"
8. „Welche Zahlungsbedingungen bietet die Konkurrenz an?"

Und dann die beste Frage:

*„Welche Erfahrungen haben Sie bisher mit diesem Anbieter hinsichtlich Qualität und Zuverlässigkeit gemacht?"*

Stell Dir vor, du sitzt beim Kunden, der Kunde hat ein Angebot von der Konkurrenz vorliegen und sagt:

*„Also, wie gesagt, wir haben hier ein günstigeres Angebot von Ihrer Konkurrenz vorliegen. Wenn Sie den Auftrag haben wollen, dann müssen Sie noch etwas am Preis machen."*

*„Herr Kunde, Sie wissen, dass es gerade bei diesen Produkten und Leistungen immer Unterschiede in den Angeboten geben kann, die sich auf den Preis auswirken."*

Kunde: *„Ich denke, dass die Angebote vergleichbar sind."*

*„Ist es definitiv nur der Preis, der bei dem Auftrag entscheidet?"*

Egal ob der Kunde mit JA oder NEIN antwortet:

*„Dann mache ich Ihnen einen Vorschlag, ich habe hier diese gelben Haftnotizzettel. Decken Sie einfach den Namen der Konkurrenz und die Preise ab. Wir vergleichen nur die Inhalte und Sie können dann wirklich sicher sein, dass Sie sich für den Anbieter mit dem besten Preis-/Leistungsverhältnis entschieden haben."*

Bekommt der Verkäufer mit dieser Methode jedes Angebot zu Gesicht? Nein, natürlich nicht. Was könnte denn einen Kunden davon abhalten, uns das Wettbewerbsangebot zu zeigen, obwohl er Namen und Preise abdecken kann? Es wäre doch nur zu seinem Vorteil, oder?

Eine andere Variante habe ich bei einer Großbank in Frankfurt eingesetzt. Der Kunde war nicht bereit, mir das Angebot zu zeigen:

„Da gibt es Schwierigkeiten ohne Ende, wenn das rauskommt!"
Ich: „Sie wollten doch 15 Minuten auf die Toilette gehen."
Der Kunde sagte: „Ach so, stimmt. Die Unterlage lasse ich hier liegen. Bis gleich." Dann stand er auf und verschwand.

Das war für mich die Gelegenheit, in aller Ruhe das Angebot zu analysieren und als der Kunde nach 15 Minuten zurückkam, sprachen wir über die Vor- und Nachteile. Ergebnis: Der Auftrag ging eine Woche später an mich!

Möglicherweise hat der Interessent gar kein Angebot von der Konkurrenz vorliegen oder das Angebot ist schlechter als deins, aber er versucht dennoch, Druck aufzubauen.

Ganz wichtig: Geh nicht mit dem Gedanken an dieses Vorhaben: „Hoffentlich verweigert er mir nicht die Einsicht in das Angebot der Konkurrenz." Denn die Frage nach dem Konkurrenzangebot ist in erster Linie ein Bluff-Test, ob er wirklich ein besseres Angebot von Ihrer Konkurrenz vorliegen hat.

Professionelle Verkäufer wenden diese Methode auch am Telefon an und lassen sich so die Angebote zufaxen.

Diese Vorgehensweise bietet den Vorteil, dass in fast allen Fällen immer ein gravierender Unterschied in den Angeboten besteht. Das ist wichtig für das Selbstbewusstsein des Verkäufers.

Nehmen wir einmal an, der inhaltliche Vergleich geht zu unseren Gunsten aus, unser höherer Preis ist also gerechtfertigt, aber der Kunde will dennoch einen Nachlass, wozu müsste unser Kunde dann

auch bereit sein? Er müsste bereit sein, auf bestimmt Leistungen zu verzichten oder er müsste in der Lage sein, uns z.B. bei den Zahlungszielen entgegenzukommen.

## 22. „Rufen Sie in 6/9/12 Monaten wieder an."

Das passiert nur dann, wenn die Verbindlichkeit in deinen Aktivitäten fehlt. Dazu habe ich ja DNS entwickelt: Der Nächste Schritt. Leg mit deinem Gesprächspartner immer die nächsten Schritte fest. Sagt dir dein Interessent: „Darüber brauche ich jetzt ein Angebot" dann antwortest du: „Ja, gerne, ich brauche dazu zwei Stunden, es ist am Mittwoch fertig und lassen Sie uns jetzt einen Termin vereinbaren, an dem wir beide das Angebot besprechen – wie sieht es am Wochentag – Datum – Uhrzeit bei Ihnen aus?"

Sagt er jetzt „Ja" zu deinem Termin, dann weißt du, dass er den Weg mit dir gehen will.

\*\*\*\*\*

„Ich verstehe, dass Sie viel zu tun haben. Das haben viele meiner Kunden gesagt, als ich Sie das erste Mal anrief. Im Gespräch habe ich dann aufgezeigt, wie Sie Zeit einsparen konnten (gib hier den konkreten Wert ein) mit (gib hier deine Produkte und Dienstleistungen konkret an). Wir benötigen nur 10 bis 15 Minuten und Sie wissen exakt nach dem Gespräch, wie Sie kurzfristig davon profitieren. Was halten Sie von einem Termin am Wochentag – Datum – Uhrzeit – wie sieht es da bei Ihnen aus?"

\*\*\*\*\*

„Okay, aber wissen Sie was, (sag das so, als wenn dir das gerade eingefallen wäre), lassen Sie uns wie folgt vorgehen: Wir beide tragen einen Bleistift-Termin ein – der ist nicht in Stein gemeißelt. Ich rufe Sie vorher noch an, um den Termin zu bestätigen, andernfalls vereinbaren wir einen neuen Termin.

*Also ich wiederhole noch mal den Termin: Wochentag – Datum – Uhrzeit. Ich freue mich auf das Gespräch mit Ihnen und verspreche Ihnen, es wird hochinteressant für Sie!"*

## 23. „Ich will es mir überlegen." Oder „Ich denke noch mal darüber nach."

Wenn deine Interessenten diesen Einwand bringen, dann wird es daran liegen:

1. Dein Kunde ist noch unsicher und hat Angst, sich für das falsche Produkt zu entscheiden. Er ist noch nicht vom Nutzen des Produktes überzeugt.

2. Du selbst hast mangelndes Selbstvertrauen oder bist nicht überzeugt von deinem Produkt oder deines Unternehmens. Das überträgt sich auf deinen Kunden.

3. Dein Kunde besitzt noch nicht alle Informationen, die er zur sofortigen Entscheidung benötigt.

4. Dein Interessent hat kein Vertrauen in dein Produkt, deine Firma oder dir gegenüber.

5. Es stehen noch schwerwiegende Einwände deines Interessenten im Raum, die von dir übergangen oder nur unzureichend entkräftet wurden.

Sieh dir diese Ursachen genau an. Was haben sie gemeinsam? Du bist es, der für den Einwand „Ich will es mir noch überlegen" die Verantwortung trägt. Das ist doch eine gute Nachricht. Denn wenn du dafür verantwortlich bist, dann kannst du den Einwand positiv beeinflussen, ihn professionell behandeln oder dafür sorgen, dass er nicht mehr auftaucht.

*****

„Okay, ich höre daraus, dass noch bestimmte Fragen offen sind. Welche sind das denn?"

\*\*\*\*\*

„Okay, Sie wollen noch mal darüber nachdenken. Wir haben ja die einzelnen Punkte soweit besprochen und wie das funktioniert ist Ihnen ja klar?"

„Und das passt ja auch in Ihr Budget, okay?"

„Und den Nutzen habe ich auch vermitteln können, okay?"

„Okay, damit ich das alles verstehe, was habe ich vergessen? Was brauchen Sie noch, um zu entscheiden?

\*\*\*\*\*

„Herr Schneider, wenn ich einem Verkäufer sage, dass ich noch mal darüber nachdenken will, dann bedeutet das eine von den drei Varianten: (1) Ich bin an dem Geschäft überhaupt nicht interessiert – egal aus welchen Gründen – und ich will schnellstmöglich das Gespräch beenden. (2) Ich finde die Idee gut, aber ich muss noch mit meinem Geschäftspartner, Ehefrau etc. sprechen, um das Geld dafür locker zu machen. (3) Ich finde das Angebot ganz toll und muss nur noch eine Informationen beschaffen, bevor ich Ja sage.

Seien Sie ehrlich zu mir, Herr Schneider, welche von den drei Varianten ist zutreffend?"

\*\*\*\*\*

„Herr/Frau xyz, wenn ich zu jemandem sage ‚Ich will darüber nachdenken' dann heißt das für mich ‚Ich habe da etwas noch nicht verstanden' oder ‚Ich will jetzt noch nicht kaufen'. Welche Variante trifft auf Sie zu?"

*****

„Wenn Sie noch mal darüber nachdenken wollen, dann gibt es ja sicher noch einige offene Punkte. Geht es um die Qualität des Produktes? Sind Sie da noch unsicher? Geht es um .......?" (liste verschiedene Punkt auf, um seine Bedenken zu erfahren. Beantworte die Bedenken und geh wieder zum Abschluss über).

Fragen deinen Interessenten, welchen konkreten Punkt er überdenken will. Kann oder will er diesen nicht nennen, hat er vermutlich doch kein Interesse und will sich nur aus der Situation lavieren.

Dann hast du dich eben geirrt – das ist unerfreulich, kommt aber vor.

Nennt er den kritischen Punkt, frag ihn:

„Warum ist gerade dieser Aspekt für Sie entscheidend? Wenn wir diesen Punkt in Ihrem Sinne klären könnten, ist dann jetzt sofort eine Einigung möglich? Welche weiteren Informationen brauchen Sie noch zu diesem Punkt, die ich Ihnen bisher noch nicht gegeben habe?"

*****

Hier kommen fünf Erfolgstipps:

1. Stell die Status-Frage.

Frag deinen Interessenten nach dem aktuellen Status seiner Überlegungen, zum Beispiel: *„Wenn Sie jetzt entscheiden müssten, wie würde Ihre Entscheidung lauten? Würden Sie ‚Ja' oder ‚Nein' zum Angebot sagen?"* Wenn dein Interessent sagt *„Ich würde es nehmen,"* brauchst du nur die passende Abschlussfrage stellen. Sollte der Interessent *„Ich will es mir noch überlegen"* sagen, dann hat er noch Bedenken, die du auszuräumen hast. Nur wenn du diese Bedenken kennst, dann bist du in der Lage, diese zu entkräften.

2. Sofort überlegen lassen.

Wenn dein Interessent den Einwand *„Ich will es mir noch überlegen"* äußert, dann meint er, dass er einige Stunden, Tage, Wochen oder Monate noch für die Entscheidung benötigt. Bei der Methode *„Den Interessenten sofort überlegen lassen"* unterstellst du jedoch, dass der Interessent nach einer kurzen Bedenkzeit entscheidet.

Sag zum Beispiel: *„Ich verstehe, das Sie etwas Zeit benötigen. Ich verlasse den Raum, um einige Dinge zu erledigen und Sie können in Ruhe überlegen. Wenn Sie soweit sind, lassen Sie es mich wissen – ich bin dann gleich wieder für Sie da."* Nehmen wir an, dass du den Raum verlässt und nun zurückkehrst. Glaubst du, dass der Interessent die Kaufentscheidung weiterhin aufschiebt? Wahrscheinlich nicht, er wird sich nun auf der Stelle entscheiden.

3. Zurück zu den Bedürfnissen des Kunden.

Bei dem Einwand *„Ich will es mir noch überlegen"* ist der Interessent noch nicht überzeugt und hat noch Zweifel, ob das Produkt das

Richtige für ihn ist. Tritt selbstbewusst auf und sprich ihn aktiv an. Sag: *„Dass Sie noch Bedenkzeit benötigen macht deutlich, dass noch nicht alle Aspekte geklärt worden sind. Welche Punkte sind noch offen?"* So kommst du wieder auf die Bedürfnisse des Interessenten zurück.

4. Bequemlichkeit und/oder Nutzen der Sofortentscheidung darstellen.

Bei dieser Technik geht es darum, dass du auf der einen Seite Verständnis aufbringst für den Wunsch des Kunden, noch überlegen zu wollen und auf der anderen Seite die Vorteile aufzeigen, die eine sofortige Entscheidung bietet.

Hier ein Beispiel: *„Ich kann gut verstehen, dass Sie absolut sicher sein möchten und daher nichts übereilen wollen. Damit es leichter für Sie ist und ebenso für mich, schlage ich vor, dass wir das Besprochene und den Nutzen, den das Angebot für Sie bietet, jetzt festschreiben. Das hat den Vorteil, dass wir an alles Wichtige denken. Ich halte den Auftrag dann noch eine Woche zurück und in dieser Zeit können Sie ohne Angabe von Gründen und ohne jegliche Kosten vom Verkauf zurücktreten. Wenn ich in dieser Woche nichts von Ihnen höre, gehe ich davon aus, dass alles wie besprochen bleiben soll. In diesem Fall bestätige ich den Auftrag. Diese Vorgehensweise ist bequemer für Sie und mich. Was meinen Sie dazu?"*

Wenn keine weiteren Einwände mehr offen sind, wird der Kunde Ihrem Vorschlag zustimmen. Die Wahrscheinlichkeit, dass der Interessent den Auftrag storniert, ist mehr als gering.

5. Die Ein-Satz-Bedeutungsumwandlung.

Mit der Ein-Satz-Bedeutungsumwandlung kannst du den Einwand *„Ich will es mir noch überlegen"* eine vollkommen neue Bedeutung geben. Damit diese Technik funktioniert und dein Kunde die neue Bedeutungsgebung akzeptiert, müssen das Wertesystem und das innere Erleben des Interessenten getroffen werden.

Die Wahrscheinlichkeit, dass der Interessent die Bedeutungsumwandlung *„Sie benötigen sicher noch Bedenkzeit, weil Sie beim Kauf alles richtig machen wollen"* akzeptiert, dann kannst du mit dieser neuen Bedeutung arbeiten. Du musst nur noch Kaufsicherheit bieten (Beispiele: Geld-zurück-Garantie, Beweise, Referenzen, Empfehlungen etc.), um direkt zu verkaufen.

Mit jedem Tag mehr, den der Kunde zum *„Überlegen"* benötigt, nimmt die Kaufbereitschaft um 10 Prozent ab. Deshalb setze diese Technik in der Praxis schnell ein. Du wirst feststellen, dass du schnell vom *„Ich will es mir noch überlegen"* zum *„Ich will es haben"* kommst. Das bedeutet für dich einen höheren Auftragseingang, zufriedene Kunden die dich weiter empfehlen und öfter ein dickes Lob vom Chef.

Einem Mainzer Juwelier, der an einem meiner Verkaufsseminare teilnahm, habe ich zu fünfzig Prozent mehr Umsatz verholfen, in dem ich ihm einen einzigen Satz beibrachte, nämlich: *„Was gibt es noch zu überlegen?"*

Dieser Juwelier ist auf Eheringe spezialisiert. Und er beklagte sich darüber, dass jedes zweite Brautpaar, sobald man einen passenden Ring gefunden hatte, aufstehe und sich mit den Worten verabschiede: *„Gut, dann überlegen wir uns das nochmal."* Seit meinem Seminar lässt der Juwelier diese Worte nicht mehr im Raum stehen, sondern erkundigt sich: *„Was gibt es denn noch zu überlegen? Welche Fragen sind noch offen? Ist die Eheschließung*

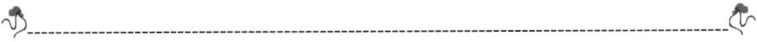

*doch noch nicht festgezurrt?"* Ich liefere Ihnen gerne weitere Informationen."

In siebzig Prozent aller Fälle reagiert ein Ehepartner mit den Worten: *„Ja ... also ... überlegen ... ich weiß auch nicht .... Eigentlich gefällt uns der Ring ja sehr gut. Was meinst du Schatz, wollen wir gleich bestellen? Also gut, den nehmen wir."*

Zusätzlich hat sich dieser Geschäftsmann ein Formular drucken lassen, das er seither als Abschlusshilfe einsetzt. Sobald er spürt, dass sich ein Paar für einen bestimmten Ring zu entscheiden beginnt, holt er das Formular raus und fragt nach den Namen für die Gravierung, und ob er die Ringe zuschicken oder ob sie diese abholen wollen.

## 24. Nebelkerzen in der Einwandbehandlung

Ich hasse es, wenn ich im Verkaufsgespräch einen Einwand beantworte und schon kommt der nächste Einwand. Dabei hat der zweite Einwand mit dem ersten überhaupt nichts zu tun. Meine Erkenntnis: der erste Einwand war schon gelogen und jetzt wird der zweite schnell „*nachgeballert.*"

Wenn du bereits einige Tage im Verkauf bist, dann weißt du sicher, was ich meine. Hast du keine Antworten auf dieses „*reinhämmern*", wirst du möglicherweise deinen Job hassen und vielleicht sogar dein ganzes Leben.

Ich will dir heute eine einfache Lösung anbieten, wie du diese Nebelkerzen in Zukunft ganz elegant umgehst.

**Mein Tipp: Beantworte nicht die Einwände**

Das hört sich sicher für dich im ersten Moment absurd an, aber lass es mich erklären. Wenn du von deinem Gesprächspartner einen Einwand hörst, dann werden sie dir den wahren Einwand nicht mitteilen, warum sie mit dir den weiteren Weg nicht gemeinsam gehen werden. Dazu ein Beispiel: Sagen sie dir, dass dein Preis zu hoch ist, dann meinen sie, dass sie es von ihrem derzeitigen Lieferanten billiger bekommen können oder mit dem was du anbietest, wollen sie noch keine Aktivitäten starten und schauen sich vorab nur einmal um. Oder sie haben sich bereits für einen Lieferanten entschieden und sie brauchen nur noch fünf Vergleichsangebote.

Lässt du dich jetzt auf die Preis-Diskussion mit ihnen ein, dann wird dich ganz schnell die Nebelkerze umwabern und schon kommt der

nächste Einwand und dann der nächste. Nervt dich diese Argumentation, weil du keine professionelle Antwort darauf hast und du somit die Kontrolle über den Verkaufsprozess verlierst? Dann wird es Zeit, etwas zu verändern.

**Die Lösung**: Stell qualifizierende Fragen und isoliere den Einwand BEVOR du die Antwort gibst.

So geht es:
Sagt dir dein Gesprächspartner: *„Ihr Preis ist zu hoch!"* dann frag ihn:

*„Ich höre das manchmal, Herr/Frau ......... und deswegen meine direkte Frage an Sie: wenn unser Preis Ihren Vorstellungen entspricht, gehen wir beide dann gemeinsam den weiteren Weg in diesem Projekt?"*

Ist die Antwort „Nein" bedeutet das ja, dass der Preis kein Einwand ist. Sagt er allerdings „Ja" dann geht es nur noch darum, den Preis zu verhandeln und den Abschluss herbeizuführen.

Eine andere Nebelkerze ist die Aussage: *„Das muss ich noch mit meinem Boss/Kollegen/Partner besprechen."*

*Jetzt antwortest du:*
*„Das hört sich gut an, Herr/Frau ........... das sollten Sie mit Ihrem (Boss/Kollegen/Partner) nun wirklich besprechen. Deswegen auch meine Frage an Sie – nachdem Sie das besprochen haben – und Ihr Boss/Kollege/Partner sagt, dass sieht gut aus und tu das, was du für richtig hältst, gehen wir beide dann gemeinsam den weiteren Weg in diesem Projekt?"*

**Noch mal**: Jede andere Antwort als „Ja" ist nur eine Nebelkerze und

du hast den wahren Grund noch nicht herausgefunden. Das ist jetzt deine Aufgabe, den Gesprächspartner weiter zu qualifizieren.

Andererseits, wenn dir dein Gesprächspartner bestätigt, mit dir den weiteren Weg zu gehen, solltest du ihn bestätigen und ihn zu deinem Verbündeten machen. Sag:

*„Prima, Herr/Frau ........ da höre ich raus, dass Sie uns empfehlen werden bei Ihrem Boss/Kollege/Partner, ist das so?*

*Was können WIR BEIDE tun, um Ihren Partner zu überzeugen?"*

So einfach kann es sein, seinen Gesprächspartner zu einem Verbündeten zu machen und du bist nun Teil eines Teams. Höre jetzt sehr aufmerksam zu, denn alles was dein Gesprächspartner jetzt sagt, wird dir helfen, den Abschluss zu realisieren.

Biete ihm eine zusätzliche Dreier-Telefonkonferenz an oder ein persönliches Gespräch mit dem qualifizierten Entscheider. Frag nach weiteren Informationen, die dich im Projekt weiter bringen. Und frag immer, was jetzt der nächste Schritt DNS sein wird und lass dir den Zeitrahmen geben.

**Grundsätzlich gilt**: Wenn du diese Einwände hörst, dann sind sie entweder die wahren Einwände oder irgendwelche Nebelkerzen zur Verschleierung der wahren Einwände. Über 80% der Verkäufer hinterfragen nicht die wahren Einwände und damit vertrödeln sie viel zu viel Zeit und kommen im Projekt nicht weiter.
Qualifizier die Einwände bevor du sie beantwortest und schreib dir deine Fragen und deine Antworten vorher auf.

## 25. Frag deine Kunden, warum sie bei dir kaufen

Es ist eine einfache Idee, aber der überwiegende Teil der Verkäufer hat noch nie einen Kunden gefragt. Wenn du weißt, warum deine Kunden bei dir kaufen, bist du in einer besonders guten Ausgangslage. Dieses Wissen hilft dir auf zwei Arten:

1. du bist in der Lage, werthaltigen Nutzen dem Kunden zu liefern.

2. diese Information unterstützt dich bei deinen weiteren Akquisitionsgesprächen mit neuen Interessenten.

Tatsache ist ja, dass du davon ausgehst, dass bestimmte Vorteile und Nutzen dazu beigetragen haben, dass dein Kunde gekauft hat. Doch sind es auch seine Vorteile und sein Nutzen? Um das herauszufinden, frag ihn doch einfach:

*„Herr Kunde, Ich will sicherstellen, dass wir genau das herausarbeiten, was Sie wünschen und benötigen. Was zeichnet unser Unternehmen aus, warum haben Sie sich für uns entschieden?"*

Eine andere wichtige Frage, die aber von den Verkaufsprofis auch nur ganz selten gestellt wird, ist die Frage danach, was das Unternehmen falsch gemacht hat. Gibt es ein Problem, so werden es die wenigsten Unternehmer dir mitteilen. Sie wandern einfach ab und du hast einen Kunden verloren. Stell doch einfach folgende Frage:

*„Herr Kunde, Ich will sicherstellen, dass wir genau das herausarbeiten, was Sie wünschen und benötigen. Was – wenn es etwas gibt – entspricht nicht Ihren Vorstellungen? Was können wir besser machen?"*

Dein Kunde wird dir sicher sagen, dass alles bestens läuft und du kannst nun weiter machen wie bisher. Oder dein Kunde erzählt dir über die Probleme, die plötzlich aufgetreten sind und es ist jetzt deine Aufgabe, diese Probleme zeitnah abzustellen, damit dein Kunde nicht abwandert.

## 26. Die wichtigsten Kaufsignale im Verkaufsgespräch

Fragen nach Verfügbarkeiten:
    Sind diese Produkte auf Lager?
    Wie oft kommen bei Ihnen neue Lieferungen an?

Fragen nach Lieferungen:
    Wie schnell kann die Ware hier sein?
    Welche weiteren Informationen benötigen Sie?
    Wann könnten Sie nach Mainz liefern?
    Gehört auch zur Erstinstallation die Einweisung?

Spezielle Fragen nach Preisen, Konditionen etc.:
    Was kostet das Modell?
    Wie teuer ist dieses Modell?

Alle Fragen im Zusammenhang mit Geld:
    Wie viel Geld muss ich für eine Erstbestellung ausgeben?
    Wie hoch ist der Nachlass bei 2.000 Stück?

Positive Fragen über dein Geschäft:
    Wie lange sind Sie bereits in dem Unternehmen?
    Wie lang gibt es Ihr Unternehmen?

Interessent/Kunde hinterfragt:
    Was sagten Sie vorhin über die Finanzierung?
    Erzählen Sie mir doch bitte mehr über den Anwender.

Fragen nach Ausstattungen:
    Gehört der Sortierer mit zur Serienausstattung?
    Gibt es das Gerät auch mit Blinklicht?

    Besteht die Möglichkeit der späteren Aufrüstung?

Fragen nach Produktivität:
    Für wie viele Kopien ist das System ausgelegt?
    Wie hoch ist die Mindestabnahmemenge?

Fragen nach Qualität:
    Wie hoch ist der Qualitätsstandard?
    Sein alle Mitarbeiter ausreichend geschult?

Fragen nach Referenzen:
    Wann kann ich mit einem Anwender sprechen?
    Wer steht auf Ihrer Referenzliste?

Verbale Kaufsignale:
    Das hört sich gut an.
    So was haben wir uns schon immer gewünscht.

Non-verbale Kaufsignale:
    Zustimmendes Kopfnicken
    Den Oberkörper nach vorne neigen

Das größte Kaufsignal:
    Hiermit bestelle ich .....

## 27. Deine fünf größten Feinde im Verkauf

### Verkäuferfeind #5: Der Technik-Guru

**Typische Berufsbezeichnung:** Leiter Technik, Leitender Ingenieur, Chef-Programmierer, Technischer Leiter, neuerdings auch gerne Head Engineer, CTO Chief Technical Officer

**Persönliches Markenzeichen:** Er ist stolz auf sein technisches Wissen. Er ist überzeugt davon, dass alle Kunden von seinem Wissen beeindruckt sind.

**Warum er dein Feind ist:** Er glaubt, dass sich die Produkte von alleine verkaufen und alle Verkäufer nur Parasiten sind.

**Wie er dich unter Druck setzt:** Wenn er Kunden trifft, dann malt er ihnen lang und breit auf, wie die Produkte arbeiten und das sie die besten auf der Welt sind. Und wenn die Gesprächspartner seinen Erklärungen nicht folgen können, dann bezeichnet er sie als Dummköpfe.

**Wie du mit ihm kooperieren kannst:** Halte ihn fern von deinen Kunden. Wenn sich allerdings ein solcher Kontakt nicht vermeiden lässt, dann bereite deine Kunden vorausschauend auf das Ereignis vor. Sie werden ihn dann nicht für seriös nehmen.

**Warnung**: Er wird dich gnadenlos schlecht machen, wenn du seine Kompetenzen in Frage stellst.

## Verkäuferfeind #4: Der Erbsenzähler

**Typische Berufsbezeichnung**: Finanz-Chef, Leiter Finanzen, Leiter Controlling, Leiter Buchhaltung, neuerdings auch gerne Head-Account, CFO Chief Financial Officer

**Persönliches Markenzeichen:** Denkt nur darüber nach, wie er Geld einsparen kann. Spielt für ihn keine Rolle, welche Kosten dadurch auftreten.

**Warum er dein Feind ist:** Er sieht den Verkauf als Kosten an und weniger als einen wichtigen Unternehmenskern.

**Wie er dich unter Druck setzt:** Er entwickelt Regeln und Durchführungsverordnungen, die einen Verkauf unmöglich machen. Beispiel: Radikale Reduzierung des Reisekosten-Budgets für Verkäufer, die nur noch in einem begrenzten Radius ihre Kunden und Interessenten besuchen können.

**Wie du mit ihm kooperieren kannst:** Bereite ihn auf entspannte Art darauf vor, wie viel Umsatz und Profit allein bei dir dadurch verloren gehen. Bereite eine Excel-Datei o.ä. vor und beeindrucke ihn mit deinen Zahlen.

**Warnung**: Sobald du frustriert bist, wird ihn das nur noch stärker ermuntern. Er weiß, wenn du dich unwohl fühlst, hat er einen guten Job gemacht.

## Verkäuferfeind #3: Der böse Mann

**Typische Berufsbezeichnung:** Leiter Marketing, Vize-Präsident Marketing, Marketing-Manager, neuerdings auch gerne CMO Chief Marketing Officer,

**Persönliches Markenzeichen:** Er geht davon aus, dass Marketing den Vertrieb steuert. Oder das der Vertrieb nur der verlängerte Arm des Marketing ist.

**Warum er dein Feind ist:** Er addiert nur die Kosten für den Vertrieb, aber lässt die Werte für den Vertrieb außen vor.

**Wie er dich unter Druck setzt:** Er gibt viel Geld aus fürr Produkt-Videos und bunte Broschüren. Inhalt: nur bla – bla – bla. Kunden und Interessenten langweilen sich bei der Präsentation und reiben sich die verschlafenen Augen.

**Wie du mit ihm kooperieren kannst:** Seine Aufgabe besteht ja darin, dir werthaltige Leads zu präsentieren. Macht er das nicht, lass dir für jeden Kunden den du bringst, 500 Euro gutschreiben.

**Warnung**: Er hat sein ahnungsloses Management gut im Griff und alle weisen gerne darauf hin, wie wertvoll der Bereich Marketing doch ist.

## Verkäuferfeind #2: Der Diktator

**Typische Berufsbezeichnung:** Verkaufsleiter, Vertriebsleiter, Teamleiter Vertrieb, neuerdings gerne auch General Account Manager, Vice President Sales, CSO Chief Sales Officer

**Persönliches Markenzeichen:** Er glaubt, als Leiter des Verkaufsteams muss er alles kontrollieren, was seine Mitarbeiter sagen und tun. Stellt er sie eine halbe Stunde in den Senkel, dann hat er sie nach seinen Angaben gecoacht.

**Warum er dein Feind ist:** Er schafft eine negative Umgebung, die es dir schwer macht, noch erfolgreich zu verkaufen.

**Wie er dich unter Druck setzt:** Er geht deine Verkaufstermine mit dir durch, spricht von deinen Abschlüssen und macht dich vor versammelter Mannschaft madig für das schlechte Ergebnis.

**Wie du mit ihm kooperieren kannst:** Halte dich von seinem Büro fern so oft es nur geht. Lass ihn auch im Dunkeln über deine kommenden Abschlüsse, die du in der Pipeline hast.

**Warnung:** Möglicherweise will er ein CRM-System installieren und dann kann er dich tagesgenau mit dem Navigationssystem kontrollieren. Schon heute werden Kontrollanrufe durchgeführt. Vorgeschobene Begründung: Zufriedenheitsanalyse. Echter Grund: Kontrolle. Jede Pinkelpause muss dann intensiv begründet werden.

## Verkäuferfeind #1: DU

**Typische Berufsbezeichnung:** Verkäufer, Vertriebsbeauftragter, Berater, Handelsvertreter, neuerdings auch gerne Key-Account-Manager, Kontakter, Business-Botschafter, Salesman.

**Besondere Charakteristik:** Du nimmst dir einfach nicht die Zeit, deinen Horizont zu erweitern. Verkaufsmethodik, Verkaufswissen, Einstellung, Begeisterung, Nutzenanalyse, Fragetechnik, Preisgespräche und andere Punkte des Verkaufsprozesses sind dir fremd. Auf die fünf wichtigsten Kunden-Einwände hast du keine Antwort.

**Warum du dein größter Feind bist:** Du bist für deinen Verkaufserfolg *verantwortlich*. Egal, auf welche Feinde und Probleme du jeden Tag in deinem Verkaufsgebiet triffst.

**Wie du dich unter Druck setzt:** Endloses Palaver. Du sprichst mehr beim Kunden als das du zuhörst. Präsentationen sind von dir schlecht vorbereitet. Deine Zusagen hältst du nicht ein usw. usw. usw.

**Wie du mit deinen Limitierungen kooperieren kannst:** Beseitige sie. Entscheide dich jetzt hier und sofort, dass du der *BESTE* in deinem Fach sein willst. Triff eine Vereinbarung mit dir und dann starte durch. Du weißt genau, was du zu tun hast.

**Warnung:** Wenn du diese Vereinbarung jetzt mit dir triffst und du die ersten Aktivitäten startest, wird dich keine von den vier anderen Feindbildern davon abhalten, erfolgreich im Verkauf zu werden.

## 28. Werner F. Hahn

Hard- oder Softselling. Schwarz oder weiß – DIE Verkaufstechnik gibt es nicht. Es kommt immer auf die eigene Persönlichkeit, das Produkt und das Unternehmen an. Mit 30 Jahren Verkaufserfahrung weiß Werner F. Hahn, welcher Mix **mit Sicherheit mehr Umsatz bringt**.

Wo für den "großen Namen" unter den Verkaufstrainern Zeit oder Begeisterung fehlen, das zählt zu den Kernkompetenzen und zeichnet ihn als Erfolgstrainer aus: das **Training on the Job** (von der Akquise über den Erst-Termin bis hin zum Abschluss-Gespräch). Dabei greift Werner F. Hahn auch mal selbst zum Hörer und stellt sein Können als Akquisiteur unter Beweis.

Zur Wissensvermittlung braucht es manchmal nur Stift und Papier – wie bei echten Verkaufsgesprächen. Diese Vorgehensweise hilft den Teilnehmern, sich schrittweise das Wissen zugänglich zu machen.

Das Bild entsteht vor ihren Augen. Das regt die Hirnaktivitäten intensiver an, als vorgefertigte Präsentationen. Das Wissen verfestigt sich besser und kann später schneller abgerufen werden. *"PowerPoint-Präsentationen sind betreutes Vorlesen"*, so Werner F. Hahn.

Wenn Sie für Ihre Ziele einen Profi brauchen, der es schafft, in freier Rede Bilder zu erzeugen und Geschichten zu erzählen, die bei den Teilnehmern hängen bleiben, dann fragen Sie jetzt die Verfügbarkeit von Werner F. Hahn an.

Fast dreißig Fachbücher bzw. eBooks liefern einen breiten Einblick in das Fachwissen des Autors und Referenten Werner F. Hahn und unterstreichen auch den hohen Anspruch, seinen reichhaltigen Erfahrungsschatz an andere Verkäufer mit Begeisterung weiterzugeben.

Telefon: 0171 – 650 56 90
Internet: www.wernerhahn.de
Blog Verkaufen: www.wernerhahn.de/sales-vitamins
E-Mail: salesman@wernerhahn.de
Facebook: https://www.facebook.com/VerkaufstrainingWFHahn/
YouTube: http://youtu.be/c9sh1bMFph0
XING: https://www.xing.com/profile/WernerF_Hahn
Twitter: https://twitter.com/WernerFHahn
Google+:
https://plus.google.com/u/0/+VerkaufstrainerWernerFHahn/posts
LinkedIn: http://de.linkedin.com/pub/werner-f-hahn

## 29. Literaturverzeichnis:

"Alle literarischen Werke sind Plagiate, ausgenommen das Erstwerk, das meistens unbekannt ist."
Jean Giraudoux

| | |
|---|---|
| Detroy, Erich-Norbert | Sich durchsetzen in Preisgesprächen |
| Fett, Josua | Die Mehr-Wert-Strategie |
| Hahn, Werner | 111 Verkäuferfragen |
| Hahn, Werner | 88 typische Verkäuferfehler |
| Hahn, Werner | Mach den Abschluss |
| Hahn, Werner | Kaltakquisition |
| Hahn, Werner | Mehr Termine. Mehr Aufträge. |
| Havener, Thorsten | Ich weiß was du denkst |
| Hopkins | Einfach Verkaufen |
| Limbeck, Martin | Nicht gekauft hat er schon |
| Pink, Daniel | MEHR WERT |
| Sickel | Mehr Umsatz mit Kaltakquise |
| Simon, Hermann | Preisheiten |
| Thieme, Kurt | Preisdruck? |
| Taxis, Tim | Heiß auf Kaltakquise |
| Ziglar | Der totale Verkaufserfolg |
| Zimmermann | Großerfolg im Kleinbetrieb |

## 30. Haftungsausschluss:

Der Autor übernimmt keinerlei Gewähr für die Aktualität, Richtigkeit und Vollständigkeit der bereitgestellten Informationen in diesem eBook. Haftungsansprüche gegen den Autor, welche sich auf Schäden materieller oder ideeller Art beziehen, die durch die Nutzung oder Nichtnutzung der dargebotenen Informationen bzw. durch die Nutzung fehlerhafter und unvollständiger Informationen verursacht werden, sind grundsätzlich ausgeschlossen, sofern seitens des Autors kein nachweislich vorsätzliches oder grob fahrlässiges Verschulden vorliegt.

Meine Angebote sind freibleibend und unverbindlich. Als Autor behalte ich mir es vor, Teile der Seiten oder das gesamte Angebot ohne gesonderte Ankündigung zu verändern, zu ergänzen, zu löschen oder die Veröffentlichung zeitweise oder endgültig einzustellen.

## 31. Danke!

Im Regelfall bedankt sich der Autor bei seinem Schwippschwager, seiner Schweigermutter und allen anderen Personen, die ihm besonders nahe stehen und/oder standen. Ich bedanke mich heute bei dir als mein Kunde, der du dieses Buch gekauft hast und damit mein Bankguthaben hast ansteigen lassen.

Die gute Nachricht: setzt du die Punkte aus diesem Buch konsequent um, dann wird das zu einer prall gefüllten Geldbörse bei dir führen. Und wenn zwei Geldbörsen prall gefüllt sind, ist das für uns beide eine win-win-Situation!

## 32. Partner: Angela D. Kosa – Neuro Communication Designer

„Was macht ein ‚Neuro Communication Designer'?", werden sich die meisten jetzt fragen. Diejenigen, die vermuten, dass es etwas mit Neuromarketing und (Web-)Design zu tun haben könnte, kommen der Antwort schon recht nahe.

Als ehemaliger Key Account Manager und leidenschaftlicher Verkäufer hat die Betriebswirtin Angela D. Kosa sich darauf spezialisiert, „im Kunden zu denken" und die Kundenansprache so darauf abzustimmen, dass sie in dessen limbischem System den „Habenwollen-Reiz" auslöst.

Das Ziel ist, authentisch genau den Persönlichkeitstyp unter den potenziellen Kunden anzusprechen, mit dem der Anbieter den größten Spaß hat.

Am meisten verbreitet ist in der Kundenansprache aktuell immer noch die „Schrotflinten-Methode": blindlings auf die Kundenmasse zielen und darauf hoffen, zufällig jemanden zu treffen, der dann nach zäher Überzeugungsarbeit Kunde wird.

Angela D. Kosa geht mit ihrer „ThinkClient!"-Methode beispielsweise bei der Erstellung von neuro-responsive Websites den neuen, effizienteren Weg:

Das „Neuro-Profiling" des Auftraggebers und dessen „Wunschkunden" gibt die Zusammensetzung des Köders vor, der auf der Website ausgelegt wird. Denn die meisten beschäftigen sich vielleicht damit, wie sie bei Google besser gefunden werden, verschwenden dann jedoch leider keinen Gedanken daran, was der Interessent zu sehen

und zu lesen bekommt – also, ob das Angebot im Besucher der Website den „*Habenwollen-Reiz*" auslöst.

Das Ergebnis des Neuro Communication Designs nach der „*ThinkClient!*" Methode von Angela D. Kosa ist:

- Auslösen des „*Habenwollen-Reizes*" bei dem vorgegebenen Persönlichkeitstyp des Wunschkunden („Geschäftsführer" als beispielhafte Definition für den Wunschkunden reicht bei weitem nicht aus!)
- Der Interessent hat schon gekauft, bevor er den finalen Preis kennt. Somit entfallen lästige Preisverhandlungen. Stattdessen werden Rechnungen vollumfänglich und pünktlich bezahlt.
- Exzellente Referenzen, hohe Weiterempfehlungsquoten, gute Aussichten auf Folge-Aufträge.

Somit steht „*Neuro*" für alles, was sich im Rahmen einer Kaufentscheidung im limbischen System des Kunden abspielt und „*Communication*" für eine Ansprache, die exakt dem Persönlichkeitstyp des Wunschkunden entspricht. Unter „*Ansprache*" wird alles zusammengefasst, was Reize im Gehirn bzw. Unterbewusstsein auslöst.

Dazu zählen u.a. Logo, Bilder, Slogans, Farben, Formen, Layout (Reihenfolge der Informationen, z.B. bei einer Website oder Präsentation) sowie die gezielte Wortwahl.

Und schließlich beinhaltet „*Design*" die wertschöpfende Gestaltung der einzelnen Bestandteile.

Angela D. Kosa, Neuro Communication Designer
Web: http://think-client.de sowie http://my-seo-star.com
Kontakt: info@my-seo-star.com

## Partner: Gregor Zawadzki, Dipl.-Designer

## Vom guten Design zum zielführenden Design als Wertschöpfung

Dass ein "*gutes Design*" wichtig und renditerelevant ist, ist bei den Unternehmen längst angekommen. Doch was ist eigentlich "*gutes Design*"?

Gilt hier "*Je teurer, desto besser*"? oder je größer, lauter oder auffälliger? Manch ein selbsternannter "*Profi Designer und Marketer*" würde jetzt losrufen "*Wir müssen uns von den Anderen abheben!*", "*Wir müssen anders sein als die Anderen!*" Doch so simpel ist die Formel sicher nicht.
UND - Anders zu sein ist ganz schön anspruchsvoll! Nehmen Sie die vielen Flaschen Shampoo im Regal des Drogeriemarktes - so steht Ihr Unternehmen zwischen den Anderen. Jede Flasche ist ANDERS, die eine auffälliger, bunter, schriller, wunder-versprechender als die Andere - und doch alle GLEICH!

Nun, jede Shampoo Flasche in diesem Drogeriemarkt hat zumindest einen wichtigen Punkt erfüllt, den der "*selbsternannte Profi*" ausblendet: Sie hat sich in Ihrem Bereich eingegliedert, sie läuft nicht Gefahr mit einer Ketchup Flasche verwechselt zu werden. Ihre Chancen, als eine unter den Anderen gewählt zu werden, sind dadurch bereits als Fundament vorhanden.

Was bedeutet das nun für das Design eines Unternehmens, einer Firma, eines Produktes? Das bedeutet, dass der Profi genau untersuchen muss, wie die Branche aufgebaut ist, wie sich die Konkurrenzprodukte präsentieren – der Designer muss wissen, in welcher Liga Sie als Kunde in der Zukunft mitspielen wollen!

Erst wenn das Fundament gelegt und ein Design erarbeitet ist, das sich in eine Branche, eine Produktpalette, in eine Liga eingegliedert hat, werden Sie durchstarten und beginnen ANDERS zu sein. Da gilt es ein USP zu erarbeiten, welches Grundlage ist durch die Einzigartigkeit ANDERS zu sein.

Ist das dann bereits "*gutes Design*"? Es ist zumindest das Fundament jeden guten Designs!

Oft wird Design mit Schönheit und Ästhetik in Verbindung gebracht. Ist ein schönes und ästhetisches Design ein Garant für "*Gutes Design*"?
Auch da steht man nur vor der halben Wahrheit. Design verbindet die Formgebung mit der FUNKTION.

Ein Beispiel:
Wir haben eine Produktpallette mit Mittelklasse-Produkten und wollen eine Wertschöpfung mit Hilfe des Designs erreichen. Was machen wir?

Wir kommunizieren die Mittelklasse-Produkte im hochwertigen, schönen und ästhetischen Design, dann werden wir die Produkte teurer verkaufen und steigern damit den Gewinn. Richtig?

Das kann beim Kunden folgende Gedankengänge auslösen:
*"Das ist alles bestimmt zu teuer für uns!"*
*"Haben die nichts in einer anderen Preisklasse?"*
*"Ich brauche das Beste vom Besten, haben die nichts Hochwertiges?"*

Durch gezieltes Design kann man den Verkauf so steuern, dass alle Produkte einen Abnehmer finden. Ein "*billig*" wirkendes Produkt kann ein anderes Produkt aufwerten und gleichzeitig den

Schnäppchenjäger ansprechen. Ein besonders hochwertig wirkendes Design kann ebenso für viele Käufer einen höheren Preis rechtfertigen.

Übrigens: Selbst Schnäppchenmärkte mit ihren Standardprodukten erkennen, wie wichtig "*Gutes Design*" sein kann.

**Fakt ist:** Ein "*gutes Design*" entwickelt sich zu einem "*zielführenden Design*".

ingenium – Design und Kommunikationsmedien, Mainz
Dipl.-Designer Gregor Zawadzki
www.ingenium-design.de

## 33. 1-Tages-Intensiv-Training: Mehr Termine. Mehr Aufträge.

Ein Verkaufsleiter definierte es so: *"Ein Verkäufer, der die Akquisition nicht beherrscht, ist wie ein Zimmermann, der mit dem Hammer nicht umgehen kann. Wenn der Verkäufer die Akquise nicht beherrscht, wird er niemals in seinem Verkäuferleben erfolgreich sein."*

Das lernst du in diesem Training:

1. Die Bedeutung deiner JA!-Einstellung im Verkauf: Quotenerfüllung 80% oder 125%?
2. Die acht Stufen zum Verkaufserfolg.
3. So überzeugst du die Palastwache und wirst gerne zum Entscheider durchgestellt.
4. Wecke das Interesse des Entscheiders mit Match Pitch in 12 Sekunden und hol dir sofort ein emotionales *„Ja, gerne – das interessiert mich!"* ab.
5. Mit positiver und zielorientierter Sprache die richtigen Fragen stellen und die wahren Bedürfnisse, Träume und Wünsche der Kunden erkennen.
6. Werthaltige Termine vereinbaren durch kundenindividuelle Ansprache mit Wort-für-Wort-Gesprächsleitfaden.
7. Erarbeitung einer unternehmensspezifischen WERT- und NUTZEN-Argumentation für die wichtigsten drei Produkte.
8. Einwand-Behandlung? HURRA - das sind doch Kaufsignale! Einwände verstehen und den Kunden zum Teil der Lösung machen.
9. Angst vor Akquise/Kaltakquise/Neukundengewinnung? So einfach funktioniert es!
10. Wie du mit DNS und der 3+3+3-Regel schneller und sicherer zum Abschluss kommst.
11. Die 4 wichtigsten Fragen im Abschluss.
12. Wie du bereits im Ersttelefonat eine Kauf-Zusage bekommst.
13. Erfolgreich Verkaufen ohne zu verkaufen? VERKAUFEN 4.0 - weg von den Verkaufsargumenten und hin zu den Kaufargumenten.

Ausführliche Dokumentation mit individuellen Gesprächs- und Telefonleitfäden, NUTZEN-Argumentation und Einwand-Behandlung für jeden Teilnehmer.

**Ideal für:** Einsteiger im Vertrieb, Vertriebs-Assistenten, Vertriebs-Sekretärin, Vertriebsbeauftragte, Verkäufer im AD und ID, Junior- und Senior-Verkäufer, Vertriebs-Ingenieure – kurz: für alle, die heute Kundenkontakt haben.

**Termin**: nach Absprache oder im Shop unter www.wernersshop.de
**Ort**: deutschlandweit
**Deine Investition:** € 499 plus MwSt. pro Teilnehmer
**Hohe Lernquote**, da max. 10 Teilnehmer.
**Meine Geschenke:**

- 30 Minuten 1:1 Life-Telefon-Coaching nach dem Training (ich beantworte Ihre Fragen und zeige Lösungen auf)
- Das Fachbuch: *Mehr Termine. Mehr Aufträge.*
- Das Fachbuch: *111 Verkäuferfragen & 111 professionelle Antworten*
- eBook: 30 Tage Aktionsplan zum Erfolg
- eBook: Kaltakquisition

Wert der Geschenke: € 249
Dieses Training führe ich auch unternehmensindividuell durch. Ihre Anfrage senden Sie an: werner@wernerhahn.de

## 34. 1-Tages-Intensiv-Training: Wie Rabatte dein Geschäft ruinieren und wie du ab sofort zum Listenpreis verkaufst!

- *83 Prozent der Unternehmen erleben einen starken Preisdruck*
- *58 Prozent bezeichnen die Situation offen als Preiskrieg*
- *Nur 37 Prozent der Unternehmen gelingt es, ihre Preisforderungen am Markt durchzusetzen*
- *77 Prozent der Unternehmer sagen, dass eine Preiserhöhung nur über neue Produkte möglich sei.*
- *72 Prozent der Neuprodukte verfehlen allerdings ebenfalls die in sie gesetzten Preiserwartungen*
- *Jedes vierte Unternehmen hat nach eigener Aussage nicht ein Produkt im Angebot, das die gesetzten Gewinnziele erreicht.*

Verrückte Welt: Meine Trainingsteilnehmer sagen mir: "Werner, ohne Rabatt läuft nichts mehr!"
80% der Preisdurchsetzung hängen von einer guten Vorbereitung ab und nur 20% von der Verhandlung selbst.
Erstaunlich ist, dass die Topp-20%-Verkäufer keine oder nur ganz wenige Probleme mit Rabatten in der Preisverhandlung haben. Was machen diese Verkäufer anders und besser?

In diesem 1-Tagestraining lernst du:

- Das Märchen vom Gewinn
- Der Anfang vom Ende: Rabatte, Boni, Nachlässe ....
- Welche Rabatt-Signale sendest du aus?
- Welche Bedeutung die 3+3+3-Regel plus DNS für dich im Verkauf hat
- 8 Fragen die du dir stellen solltest, sobald du an Rabatt denkst
- Was Rabatte wirklich kosten
- Wie Rabatte deinen Gewinn schmälern

- So viel Mehrumsatz müssen deine Rabatte bringen
- Die unverstandene Rolle des Preises
- Sie sparen die Mehrwertsteuer von 19% und machen Profit? Da kann wohl einer nicht rechnen
- Rabattierte Preise bringen dir rabattierte Kunden
- Probleme beim Abschluss? Rabatte helfen dir nicht weiter
- Der Preis ist die Waffe des Einkäufers - als Verkäufer schlägst du mit dem WERT des Produktes zurück
- Ein einfacher Weg um Rabatte zu vermeiden
- Ist dein genannter Preis wirklich dein endgültiger Preis?
- Einwand-Behandlung? HURRA - das sind doch

Kaufsignale! Einwände verstehen und den Kunden zum Teil der Lösung machen.

**Termine**: nach Absprache oder im Shop: www.wernersshop.de
**Ort**: deutschlandweit
**Deine Investition:** € 499 plus MwSt. pro Teilnehmer
**Hohe Lernquote**, da max. 10 Teilnehmer.
**Meine Geschenke:**

- 30 Minuten 1:1 Life-Telefon-Coaching nach dem Training (ich beantworte Ihre Fragen und zeige Lösungen auf)
- Das Fachbuch: *Mehr Termine. Mehr Aufträge.*
- Das Fachbuch: *111 Verkäuferfragen & 111 professionelle Antworten*
- eBook: 30 Tage Aktionsplan zum Erfolg
- eBook: Kaltakquisition

Wert der Geschenke: € 249
Dieses Training führe ich auch unternehmensindividuell durch. Ihre Anfrage senden Sie an: werner@wernerhahn.de

## 35. sales vitamins – frische Vitamine für besseres Verkaufen

Wir sind leistungsfähiger, haben bessere Stimmung und eine gesündere Ausstrahlung, wenn die Ernährung stimmt. Genau das bewirken die „sales vitamins" von Werner F. Hahn, denn auch im Verkauf entscheidet der gesunde Mix der einzelnen Erfolgsfaktoren über Kundengewinnung, Aufträge und – mehr – Umsatz.
Doch jeder Verkäufer ist anders.

Das gilt auch für die Produkte und Dienstleistungen, die er verkauft. In den theoretischen Verkaufstrainings und den anschließenden praktischen Trainings-on-the-Job lernen Ihre Vertriebsmitarbeiter, worauf sie in Bezug auf ihre eigene Persönlichkeit und das Produkt gezielt achten müssen.

Ähnlich wie ein Personal Trainer im Sport oder ein Ernährungsberater entwickelt Werner F. Hahn des besten Mix an „sales vitamins", um die Kundengewinnung zu optimieren, mehr Aufträge zu generieren und die Umsätze zu steigern – mit mehr Sicherheit.

Alle 14 Tage erscheint der Gratis-Newsletter mit werthaltigen Tipps zum sofortigen Umsetzen im nächsten Kundengespräch. Fordern Sie auf der Startseite von www.wernerhahn.de die 111 Tipps für Kaltakquise an und Sie werden in den Verteiler für den Newsletter eingetragen.

## 36. Podcast

Hol dir auf der Fahrt zu deinen Kunden und Interessenten die nötige Dosis von Motivation und Inspiration mit den Themen rund ums Verkaufen. Auch in meinen Podcasts bekommst du perfekte Sätze, Wort-für-Wort-Gesprächsleitfäden, die das Herz deines Gesprächspartners erreichen. Du kennst ja mein Mantra:

*Verbindlich Verkaufen mit guten Gefühlen.*

Die Podcast findest du hier unter www.wernerhahn.de oder du gehst in den iTunes Store und gibst als Suchbegriff ein *Verkaufstrainings* und dann geht es sofort los.